LIEBIGEN
BRIEFE AN DIE UNGEBORENEN

THOMAS HOSTETTLER

knapp

Für A. und T.

Im ene klare Geischt
sind Fröid und Leid s Gliiche
Ke Bärg verdeckt de Moon

(Ikkyû Sôjun, 1394 – 1481)

Liebigen 14. Juni 2001

Ihr da oben

... hört ihr mich? Ich bin der der soeben
Klavier geübt hat. Ein Präludium mit steifen
kalten Fingern. Ich bin unten in der Stube.
Ihr seid oben im Schlafzimmer. Ihr habt
euch versteckt ich weiss auch wo ihr liegt
in Tinas Bauch. Hört ihr mich?
Shiki fu i ku ku fu i shiki ... Form ist Leere
Leere Form ... versteht ihr? You speak
English? German? I write German.
High German!
Ich sitze am Computer und fange eine
neue Datei an. Das Komma was tippt
Komma ist ich Punkt
Ich erzähle euch eine Geschichte und
wenn ihr sie verstanden habt ... bitte!
Gebt mir ein Zeichen. Okay?
Es ist die Geschichte des Zauberers
Hakuin. Er lebte in einer Einsiedelei
irgendwo im japanischen Gebirge.
Am Fusse des Fujiyama zum Beispiel.
Täglich sass Hakuin auf seinem Kissen
die Knie auf dem Boden ... in gerader
starker Haltung. Shikantaza. Er tat
überhaupt nichts. Gut er atmete ein
und aus. Die Augen waagrecht.
Die Nase senkrecht.

Da gab es eine junge Frau. Die brachte
ihm zu essen ab und zu. Plötzlich wurde
sie schwanger. «Das hat mir der Hakuin
gemacht» log sie ihre Familie an.
Aus Angst!
Die Grosseltern brachten ihm das Kind
schimpften ihn aus und sagten er könne
es behalten. «So»... sagte Hakuin.
Nach ein paar Jahren bekam die Frau ein
schlechtes Gewissen und gestand es sei
eigentlich nicht von Hakuin sondern eher
von einem hübschen Kerl aus dem Dorf.
Alle gingen wieder zur Einsiedelei wo
Hakuin zu Mittag speiste. Reissuppe und
für das Kind ein Joghurt. Sie schämten
sich und sagten sie hätten es gern
wieder. «So»... sagte Hakuin.
Ich bin ja auch ein ziemlich cooler Typ
aber dieser Hakuin! So eine gute Antwort!
Einfach nur: «So.»
Hört ihr mich? Ikk bin euer Papa. Also
meine Idee war's nicht. Tina eure Mama
ist eine schöne Frau. Seconda generazione.
Klein und eher füllig Haare honigfarben
Glutaugen wenn ihr wisst was ich meine.
Tina hat euch mitgebracht ein Geschenk
aus Kathmandu: Zwillinge. Im Kantonsspital
zu Baden sah ich euch zum ersten Mal.
Live. Am Bildschirm.

Eure Mama legte sich auf den Schragen
und machte den Bauch frei. Eine Frau
Doktor kippte den Schalter und tippte ein
paar Daten ein. Das Programm hiess:
Babywatching. «Guck nur wie sie strampeln!»
sagte die Frau Doktor... «Mamma mia!»
eure Mama.
An eurer Stelle hätt ich auch gestrampelt.
Ultraschall! Ich höre das natürlich nicht ein
Hund hört's nicht eine Fledermaus wer
weiss... doch zweifellos habt ihr's gehört.
Ich hab euch strampeln gesehen. Das war
kein Strampeln das war ein verzweifeltes
Zappeln und nackte Todesangst. Äxgüsi.
Unsere Technik ist noch sehr primitiv.
Es sah ein bisschen aus wie die Bilder der
Mondlandung... schwarz-weiss flimmrig
unscharf. Sind das Astronauten? fragte ich
mich plötzlich. Ich schaute ganz genau hin:
nackte Astronauten. Grosse Köpfe kurzer
Rumpf und Finger an den Händen. Da fiel
es mir wie Sternschnuppen vor die Augen:
Das sind Ausserirdische!
«Ikkyû.»
Was? Tina wach auf ein Wunder ein
Wunder! Sie verstehen alles! Einer hat
«Ikkyû» gesagt! Hallo Weitgereiste seid
willkommen! Was heisst «Ikkyû»?

Man kann mit ihnen reden meine Liebste!
Hörst du sie? Fünfzehn Wochen seid ihr alt.
Sieben Zentimeter lang. Achtzig Gramm
schwer. Ein Hühnerei wiegt weniger ein
Apfel mehr. Keine Frage ihr kommt von weit
weg. Habt ihr Hunger? Durst? Wo kommt
ihr her? Vom Mars? Unsinn von viel weiter.
Habt ihr die Sonne gesehn? Wie hat es euch
in diese Galaxie verschlagen? Warum auf
diesen Planeten? Wollt ihr erst mal richtig
schlafen? «Ikkyû.» Was heisst «Ikkyû»? Okay.
Speichern unter: Zwillinge.doc

15. Juni

Wieso muss ich Tennis spielen mir tun jetzt
schon alle Knochen weh. Halb zwei Uhr auf
dem Platz. Bei dieser Sauhitze! Es ist wie
eine Sucht sehe ich einen Ball so renne
ich hinterher. Wie ein Hund oder ein
junger Mensch. So kam ich als Junior in
den Tennisclub von Z. einer Kleinstadt
im Schweizer Mittelland. Ein C-Spieler
namens Bachme Böli brachte uns den
Backhand bei ich kann ihn immer noch
nicht. Ich meine ich kann einen hohen Ball
zehn Mal hin- und herslicen aber Topspin?
Die knalle ich alle hinten hinaus.
Ab auf's Velo.

Souhitz! An der Hühnerfabrik vorbei dem
Rüdisüli zugenickt jetzt kann ich sausen
lassen. Wie soll ich nur spielen? Volle
Pulle natürlich. Aber wie? Keine langen
Wechsel! Big game! Racket vor den Bauch
im Laufen schon! Auf der T-Linie bereit für
den Volley ganz locker und dann ... wäg do!
Glingling! Was macht dä Lölihund uf dere
Stross? Gang hei du Galöri!
Wir haben einen schönen Tennisplatz
direkt hinter der Mehrzweckhalle den zeige
ich euch mal. TC Brittnau! Blaue Leibchen
für Junioren gratis goldbeschriftet.
Bei schönem Wetter ist Tennis etwas sehr
Schönes. Bei Schlechtwetter sitzt man dann
eher vor dem Klubhaus öffnet eine kühle
Flasche Mont sur Rolle zum Beispiel isst Chips
dazu raucht eine Zigarette oder drei und
schaut in den Regen. Heut ist leider
schönes Wetter.
Immer die Linien ziehen verstanden! Es
gibt dann weniger Krach weil man sieht
ob ein Ball out war oder nicht. Heute darf
ich nicht zu lange einspielen sonst bin ich
nach dem ersten Game schon kaputt.

Da steht er. Affentranger Röbu. Bauverwalter.
Vierunddreissig. Eher gedrungen pechschwarze
Haare stechender Blick. Linkshänder wie ich.
Geht auf jeden Ball und kann sich ungeheuer
motivieren. Ich bin Mitte fünfzig grauenhaft
ich schwitze jetzt schon. Wie soll ich gegen
den nur spielen?
Er streckt mir die Hand entgegen und zeigt
die Zähne. Affentranger die Nummer 4 des
Klubs. Tennis ist sein Hobby morgen spielt
er wieder ein Turnier er will R 5 werden und
hat eine Lizenz. Wie James Bond. Eigentlich
kein Tennisspieler sondern ein Waffenläufer.
Ich gewinne den Aufschlag.

Abends

Hallo wo steckt ihr? Der schwüle Tag hat
sich in einem Gewitter entladen ich sitze
vor dem Haus vom Himmel tropft erschöpft
noch etwas Regen. Gleichzeitig glimmt
vom Jura her ein Sonnenuntergang.
Ein Auto fährt vorbei dumpf dröhnen die
Bässe der Stereoanlage. Im Fiat Uno steckt
ihr irgendwo zwischen Willisau und Brittnau
im Bauch meiner Frau. Kommt heim!
Alle drei. Aber allez hopp!

Tortellini mit Pesto ein Glas Rotwein.
Tina macht sich immer noch Sorgen
dass man vielleicht denken könnte sie
sei gar nicht schwanger. Das denkt
keiner der Augen im Kopf hat.
Das sind nicht die Tortellini.
Sie zeigt mir Fotos aus Kathmandu.
Die Stupa. Bettelkinder. Pashupatinath.
Eure Mama ist jetzt müde. «Darf ich
ins Bett?» fragt sie. Habt ihr gehört?
Man fragt: «Darf ich ins Bett?» Man sagt
nicht: «Ich will ins Bett.» Aber wenn jemand
zu euch sagt: Allez hopp und ab ins Bett
dann ab ins Bett. Okay? Gilt auch für
Ausserirdische. Hallo! Hier bin ich wieder.
Wollt ihr wissen was ich heute getan
habe? Tennis habe ich gespielt bei
brütender Hitze und gegen die Nummer 4
des Klubs Affentranger Röbu in drei
Sätzen (6:2 / 6:7 / 0:6) knapp verloren.
Kennt ihr die Williams Sisters?
Noch nicht noch nicht.

Herzlich! Euer Papa
eidg. dipl. Jugend+Sport-Leiter

Zeig mir das Gesicht
das du hattest
bevor Vater und Mutter
dich zeugten

Sonntagmorgen

Liebe Ausserirdische!

Hier bin ich wieder. Namaste! Es seicht
im Schweizer Mittelland. Ihr seid oben
ich bin unten. Namaste! Hört ihr mich?
Namaste ist Nepali und heisst Grüezi.
Es ist alles nicht so einfach.
Da ich euer Papa werde fühle ich mich
genötigt euch die Welt zu erklären.
Ich bin nicht dumm ich bin zur Schule
gegangen ich kann lesen schreiben
turnen rechnen singen ... doch im
Grund genommen weiss ich gar nichts.
Ich weiss nicht mal was oben ist was unten.
Unten zum Beispiel aus meiner Sicht ist der
Stuhl auf dem ich sitze. Darunter liegt
der Fussboden mit dem braunen Teppich
darunter der Keller ... dann kommt Erde ...
es kommen Gesteinsschichten die immer
heisser und flüssiger werden es brodelt es
zischt wir sind im Zentrum des Planeten
quasi in der Hölle angelangt ... es wird
kühler fester und wieder ist da Erde ...
da steht ein Mensch ein Aborigine
zum Beispiel und schaut an den Himmel
... hinauf oder hinunter?

Aus meiner Sicht: hinunter.
Von ihm aus: hinauf.
Ich kann doch nicht sagen der Aborigine hängt unten an diesem Planeten in den Kosmos hinaus! Geht doch nicht.
Was heisst oben? Was unten?
Über solche Fragen kann ich mir tagelang den Kopf zerbrechen. Was meint ihr? Sagt doch irgendetwas!
«Ikkyû.»
Aha. Ikkyû. Ich kenne keinen Ikkyû!
Was heisst Ikkyû?
«Ikkyû.»
Wir spielen hier nicht blinder Esel! Jetzt schweigt ihr so gemein. Sagt mal etwas anderes! Beispiel: Namaste. Ich grüsse Gott in Dir. Man legt dazu die flachen Hände vor die Brust verbeugt sich leicht und lächelt: Namaste.
Namaste ihr Ausserirdischen!
«Ikkyû.» «Nein nicht Ikkyû ... Namaste!» «Astenam?» «Namaste!» «Nastemas?» «Namaste!!» «Na ... ma ... ste?»
Ja! Hipp hipp hurra ihr könnt es!
Namaste heisst: Grüezi. Bravo!
Ihr seid richtig clever!

Gya tei gya tei
Ha ra gya tei
Ha ra so gya tei
Bo ji so wa ka

Stellt euch bitte einen Globus vor.
Ja? Hallo hört ihr mich? Aufpassen
Ohren spitzen! Ein Globus ist etwa das
was ihr gesehen habt auf den letzten
paar Millionen Kilometern eurer Reise.
Ein blauer Planet der näherkommt.
Da wohnen wir. Apropos auf dem Mond
waren wir auch schon am 21. Juli 1969.
Die Eagle landete im Meer der Stille.
Ein Mensch namens Armstrong stieg aus
und sagte: «That 's one small step for a
man ... one giant leap for mankind.»
Auf Englisch sagte er das. Also Englisch
solltet ihr lernen ... relativ bald. Okay.
Auf diesem Globus gibt es Meere ... blau
und gelbe Kontinente. Einer heisst Asien.
Dort gibt es zwei grosse Länder: Indien
im Süden und China im Norden.
Dazwischen steht der Himalaya das
höchste Gebirge der Welt. An seinem
Fusse liegt ein armes Königreich mit
Namen Nepal. Die Hauptstadt heisst
Kathmandu. Dort seid ihr gelandet.

In einem Vorort. Boudha. Eure Mama hat dort den letzten Winter verbracht in einem Zelt vor der Stupa. Als Ärztin.
Sie hat dort Bettelkinder gepflegt. Unter anderem. Da bekam sie lange Zeit nach einem eigenen. Es gibt dort einen der heisst Krishna. Er hat eine Brille und trägt lange Haare. Gitarre spielen kann er gut und singen.
Als Krishna erfuhr dass Tina schwanger war erschrak er noch mehr als ich und rannte davon. Später wenn ihr grösser seid zeige ich euch den Film E.T. dann begreift ihr besser. Ausserirdische! ein Schreckensschrei rechtsumkehrt und abgesecklet. Ab und über alle Berge.
Die höchsten heissen: Nanga Parbat Dhaulagiri und Tschomolungma.
Zur Welt kommen werdet ihr wenn alles gut geht im Kantonsspital zu Baden in der Schweiz. Wie sagt man Namaste auf Schwizerdütsch?
«Glüezi.»
Bravo das ist doch ein Anfang!

Die Ärztin im Spital wie hiess sie nur…
«Kelstin.» Wie bitte? Wer hat da Kelstin
gesagt? «Kelstin!» Toll du weisst den
Namen noch wer war das… Zwilling A
oder Zwilling B? «Kilsten!»
Kilsten? Einer sagt Kelstin einer sagt
Kilsten wird notiert. Die können den «R» nicht
logisch. Also Nepali kann ich euch nicht
beibringen da müsste ich einen Kurs
machen in der Migros das stinkt mir.
Jetzt lernt ihr erst mal Schwizerdütsch.
Das kann ich am besten. Passt auch
gut in diese Gegend.
Speichern.

Gezeichnet: Habakuk

*Was ist der Körper des
Shakyamuni Buddha?*

21. Juni

Leben ist Leiden. Leider.
Malers zu Besuch: Myrta mit den hellen
Augen der dünne kranke Leo. Myrta war
mein Schulschatz Leo ist mein Freund
geworden ein stiller klarer Mann ihr
werdet sie mal kennenlernen. Beide
hoffe ich.
Längster Tag des Jahres. Ein schöner
warmer Abend. Leo freut sich über unsre
Pflanzen. Rauchen kann man nur die
Weibchen die Männchen samen ab.
Leo hat Darmkrebs. Stichworte: Mitte Mai
Fieber + Durchfall. Abklärungen im Spital
von Z. Unklarheiten Blasenspiegelung.
Die Kanüle durch die Harnröhre werde
etwas unangenehm habe man ihn gewarnt
er habe vor Schmerzen gebrüllt. Bestrahlung.
Chemotherapie. Künstlicher Darmausgang.
Er müsse leider manchmal furzen sagte
Leo er könne das zurzeit nicht
kontrollieren.

Als er das erzählte sass er matt in einem
Liegestuhl im Garten unrasiert im violetten
Pyjama. Myrta goss die Blumen und mir
wurde übel. Ich legte mich im Rasen auf
den Rücken versuchte tief zu atmen und
schaute in den Himmel. Ich hatte
Todesangst.
An diesem 14. Juni entschloss ich mich
Tagebuch zu führen bis zur Geburt der
Zwillinge. Immer arbeiten. In aller Ruhe.
Das habe ich von Leo gelernt. Richtig
arbeiten heisst: zaubern.

Variation

Die Ärzte reden immer noch Lateinisch
das tönt dann wie bei Molière und keiner
hat einen blauen Dunst. Die westliche
Medizin verlängert das Leiden.

Die Welt erklären. Himmelarsch die Welt
ist gross! Ich weiss doch selber nichts.
Seitdem ich denken kann möchte ich die
Welt verstehen die Wahrheit hinter der
Welt. Doch Wahrheit gibt es nicht.
Und wenn so können wir sie nicht fassen.
Was ist Wahrheit? Was ist Gott? Wie
hat alles angefangen? Mit dem Urknall
meinetwegen aber was war vor dem
Urknall? Mich würde die Antwort
interessieren.

Ihn auch sagte der Dalai Lama den
die Tibeter seine Heiligkeit nennen ...
die Verkörperung des kan ji zai bo satsu
von dem das Herzsutra singt ... zu einem
europäischen Physiker der ihn eingeladen
hatte die Frage zu erörtern. Wie hat alles
angefangen? Wie wird es enden?
Warum denken wir wie die Wahnsinnigen
und kommen doch nie an ein Ende?

Wär lehrt d Woret
Wär seit was guet isch und was schlächt
Wär kennt de Wäg
De blind Esu kennt de Gstank
vom eigete Schissdräck
Längi Liebesbriefe
Churzi Gedicht vou Liideschaft

Wahrheit gebe es nicht nur Wahrhaftigkeit
sagt Ludwig Hohl ein Schweizer Denker +
Dichter. Die verfluchte Denkerei!
Früher war ich schlauer. Ich dachte nur
das Nötigste und liess mich konfirmieren
ohne gross darüber nachzudenken.
Der Pfarrer war ein Füdlibürger. In der
Kirche sang ich laut und schön nicht
um Gott zu loben sondern um den
Mädchen zu gefallen was vielleicht
das Gleiche ist.

Gibt es ein Paradies und eine Hölle?
Ohren spitzen endlich weiss ich etwas!
Das Paradies gibt es.
Mit Myrta hatte ich im Winter ab und zu
Musik gehört im Jugendhaus: Mahalia
Jackson... Silent Night... wir hatten
Hühnerhaut bekommen.
Im Sommer lag ich dann mal neben ihr
in der Badeanstalt. Das Kinderfest stand
bevor. Es ging um die Frage wer geht
mit wem. Sie ging noch mit keinem.
Wir lagen auf zwei Tüchlein zwischen
denen kein Schleckstengel Platz gehabt
hätte und schauten uns in die Augen.
Am Rundlauf lärmten die Kleinen die
Grossen spielten Fussball. Ich kaute an
einem Grashalm. Sie nahm die andre
Seite in den Mund. Wir lagen
nebeneinander ohne uns zu berühren
es war heiss und Myrta hatte die Augen
einer Katze... hellblau leuchtend fast
durchsichtig.
Das Paradies gibt es. Zeit: Sommer 1961
Ende Juni. Ort: Die Badeanstalt von Z.
Darsteller: Adam und Eva.
Und kein Gott der störte.

Unser erster Kuss war ein voller Erfolg.
Er wurde vollbracht in der Altstadt im
Garten eines vornehmen Hauses aus
dem achtzehnten Jahrhundert. Die Eltern
meines Freundes Treb Deirfgeis hatten zur
Party geladen. Wir tranken Erdbeerbowle.
Eine wilde schöne Stimmung wehte durch
die Gassen. Die Kadetten hatten wie jedes
Jahr das Gefecht gewonnen die Mädchen
den Reigen getanzt ... blutüberströmte
Freischaren wurden im Triumphzug durch
die Stadt geschleppt. Nun war es Nacht.
Eine warme Sommernacht ... wir tanzten
Twist und tranken Erdbeerbowle ...
küssen oder nicht ... das war die Frage.
Myrta und ich verkrümelten uns Hand in
Hand in die Büsche neben der Mauer
auf eine Steinbank. Jetzt oder nie.
Theoretisch wussten wir Bescheid. Man
muss den Mund öffnen und dann irgendetwas
mit der Zunge aber was? Wie
küsst man? Haha ... möchtet ihr gern
wissen gell! Nur so viel: Als die Glocken
von der nahen Kirche elf Uhr schlugen
küssten wir. Es war schrecklich schön
und schmeckte irgendwie nach immer
mehr.

Die Hölle gibt es auch. Hölle ist wenn
man die Welt denkend zu verstehen
versucht. Die verfluchte Denkerei
begann in jenem Sommer.
Schuld daran war Henriette. Sie hatte
feuerrote Haare Sommersprossen und
auf alles eine freche Antwort. «Das kleine
Jesulein aha. Und an den Osterhasen
glaubst du auch noch?»
Einmal stand ich in der Stube unserer
Wohnung an der Rathausgasse. Trotz
der Hitze hatte ich die roten schweren
Vorhänge gezogen um nachzudenken.
Durch einen Spalt drang die Sonne
und streifte das Buffet aus Nussbaum.
Im Lichtstrahl glitzerte der Staub. So ein
Körnchen ist die Erde stellte ich mir vor.
Darauf lebe ich. Eines von fünf Milliarden
mikroskopisch winzigen Wesen.
Dann blies ich sanft hinein. Die Körner
begannen durcheinanderzuwirbeln
und ich fühlte mich wie ... ja wie fühlte
ich mich? Riesig! Allmächtig. Der Chef des
Ganzen. Wie Gott! Wenn man sich denn
Gott als fühlendes Wesen vorzustellen
beliebt was schwer fällt weil einer der
den eigenen Sohn unter solchen Qualen
... Gottes Sohn nein danke!
Und im Lichtstrahl taumelten Planeten.

Henriette küsste ich auch auf einer steilen
Wiese oberhalb des Schlösslis Wikon.
Bei ihr konnte ich es schon besser.
Sie hängte mich ab weil ich ihr zu jung
war und zu dumm. Sie schwärmte für einen
Achtzehnjährigen den sie auch bekam und
ich fiel in die Hölle Abteilung Eifersucht.
Frage beantwortet? Kleine Pause.
Alles speichern.

Spät in der Nacht

Ich kam dann in die Kantonsschule nach
Aarau. Dort las ich Gedichte von Friedrich
Hölderlin und von Arthur Schopenhauer
Philosophisches. Beispiel gefällig?
«Im unendlichen Raum zahllose leuchtende
Kugeln, um jede von welchen etwan ein
Dutzend kleinerer beleuchteter sich wälzt,
die, inwendig heiss, mit erstarrter, kalter Rinde
überzogen sind, auf der ein Schimmelüberzug
lebende und erkennende Wesen erzeugt hat –
dies ist die empirische Wahrheit, das Reale,
die Welt.»
W l l, 11

So schreiben dass Julius versteht. Das ist
der Bub einer Freundin ihr werdet ihn noch
kennenlernen. An ein intelligentes Kind
schreiben das immer fragt: Warum?

Bläsimühle 22. – 24. Juni

«La vie est courte et éphémère» sagte der
Meister in die Stille hinein. Wie wahr dachte
ich. Aber warum? Warum leben wir?
Warum gerade ich? Ich habe es mir nicht
ausgesucht! Wie weh mir alles tut! Wieso
tue ich mir das an in einem Alter in dem
andere schon längst Golf spielen!
Ich mit meiner Arthrose in den Knien.
Ich kann ja nicht einmal den Lotussitz.
Ich kann das doch gar nicht.
Ein Mönch schlägt das Holz. In meinem
schwarzen Kimono betrete ich den Keller
der alten Mühle die zum Dojo umgewandelt
wurde. Dojo: Ort des Weges. Mit dem linken
Fuss zuerst. Nicht allein... drei Dutzend
Leute praktizieren hier gemeinsam.
Vor dem Altar mache ich Gassho das
heisst ich verbeuge mich indem ich die
flachen Hände auf Brusthöhe aneinanderpresse
und den Oberkörper senke.
Es ist wie Namaste. Ich grüsse Gott
in Dir. Ich verbeuge mich vor einer Foto
die den japanischen Zauberer Taisen
Deshimaru darstellt. Ich schreite in
meine Ecke.

Ich habe absichtlich etwas geschwollen
«schreite» geschrieben weil ich so
schön wie möglich gehe und nur noch
mit den Zehen zu denken versuche.
Ich verbeuge mich vor meinem Zafu.
So heisst das Kissen. Es gibt nicht viel
zu tun. Ich mache gerne nur so viel wie
nötig dafür richtig. Ich würge die Knie
auf den Boden und pflanze den Hintern
auf's Kissen. Links und rechts die
Nonnen und die Mönche in einer Reihe
wie Orgelpfeifen. Und ich alter Sack!
Ich straffe den Nacken löse nochmals
auf reibe mir die Kniekehlen. Der Gong
erklingt wird schneller ich pendle hin
und her und tauche in die Haltung ein.
Haltung der Erweckung ist ihr Name.
Die schönste Haltung der Welt.
Was ist daran so schön? Wer sie
gesehen hat wird sie nicht vergessen.
Die Haltung Buddhas sagen die
Buddhisten. So sei er meditierend
unter dem Bodhibaum gesessen und
eines Morgens beim Anblick eines
Sterns... des Morgensterns... sei
er erwacht.
Schön still ist es hier.

Unterdessen hat der Meister den Raum
betreten auf Samtpfoten.
«Rentrez le menton!»
Ich ziehe das Kinn zurück und straffe
den Nacken. Die linke Hand liegt in der
rechten. Die Daumen waagrecht bilden
weder Berg noch Tal. Kinn zurück. Okay
aber das Kinn ist nicht das Problem.
Das Knie! Das rechte Knie liegt nicht
richtig. Einatmen ausatmen. Ein geht
automatisch... Aus geht langsam tief
hinunter in den Bauch. Doch doch es
geht. Geht immer besser. Ach ist das
schön und nachher gibt es Reissuppe
die Guen-Mai. Nicht denken! Nicht an
Suppe denken.

We me nienen äne wott
isch jede Wäg de richtig
Mänge füert de Bärg doruf
nur ei Moon streift de Gipfu

Wenn einer vor zwanzig Jahren behauptet
hätte schleimige Reissuppe würde einmal
zu meiner Lieblingsspeise werden hätte
ich ihn ausgelacht. Damals stand ich eher
auf Fondue Chinoise und Vitello tonnato.
Wieso muss ich jetzt Speichel schlucken?
Ob man das gehört hat? Mein rechtes
Knie beginnt zu surren. Jetzt schon?
Spinnst du eigentlich!

Himmelarschundzwirn nicht jetzt schon
bitte! Das tut ja jetzt schon weh! Ein. Aus.
So geht wieder. Neinnein tut nicht weh.
Das ist kein Schmerz. Das ist nichts.
Ein leises Surren nicht mehr. Eigentlich
sitze ich hier ganz gemütlich. Das ist
kein Schmerz einfach etwas warm.
Nein heiss. Ein. Aus. Stille.
Wie lange sitzen wir denn schon?
Das war doch eine halbe Stunde.
Mindestens! Unbeweglich rechts und
links und hinter mir die Mönche und
die Nonnen.

D Exischtänz vo auem
tönt we s Echo
wenn d losisch
am Fuess vom Bärg

Hallo! Mir tut alles weh! Stört es jemanden
wenn ich auflöse? Ein. Aus. Wann sagt
der endlich Kyosaku! Ich habe Arthrose
in den Knien kann mir jemand sagen
wo ist hier der Ausgang?

Kyosaku bitte! Wenn mir nicht alles so
weh täte würde ich zu dösen versuchen.
Die halbe Nacht nicht geschlafen weil
einer geschnarcht hat. Hallo Hilfe!
Fertig jetzt löse ich auf.
«Kyosaku!»
Endlich. Das halte ich noch aus.
Wie langsam die zum Altar schlurfen.
Ich höre wie sie nach den Stöcken greifen
und dem Meister präsentieren Kyosaku
aber subito! Söl emol cho! Ein. Aus.
Ich kippe aus dem Kimono!

Ke Zen me
Schriib ei schtarchi Zile wo we ne
Noodle de Schmärzpunkt tüpft
am Arm

Es knallt hinter mir und rechts von mir
ich mache Gassho und spüre den Stock
auf meiner Schulter... sanft wie ein
Sommervogel. Ich verbeuge mich lege
den Kopf auf die linke Schulter biete den
Nacken dar und in die Ausatmung: Peng!
ein Schlag der den Körper durchzuckt
den Rücken hinunter wie ein elektrischer
Schock durch den Schenkel ins Knie bis
zu den Zehen: Peng! Dasselbe auf die
linke Schulter. Wieso erzähle ich das
überhaupt?

Weil ihr meine kleinen Buddhas seid.
Euch hat es mir hereingeschneit.
Direkt vom Himalaya herunter.

Jetzt hocken wir seit gut vierzig Minuten
in dieser verdammten Bläsimühle das
ist ja schlimmer als zu Dogens Zeiten!
Wir machen keinen Mucks atmen ein
und aus lassen die Gedanken vorbeiziehen
oder versuchen es wenigstens
aber mir tut alles weh! Bin ich eigentlich
der Einzige der nicht erleuchtet ist?
Leben ist Leiden gopferdori an dieser
ersten edlen Wahrheit habe ich noch nie
gezweifelt aber muss man das auch noch
provozieren! Fertig ich kann nicht mehr!
Ich löse auf ... stütze den Kopf auf beide
Knie ... hocke schief auf meinem Kissen
wie ein Anfänger ... wie ich vor fünfzehn
Jahren sass am vierzigsten Geburtstag
an meinem ersten Sesshin.
Die älteren Nonnen und Mönche hatten
gemurrt die Sitzungen seien zu kurz.
Dann kam die letzte ... und es hörte und
hörte nicht auf. Um meinen Schädel surrte
eine Fliege die ich nicht verjagen durfte.
Ich im Schneidersitz der Rücken krumm
und dauernd rutschte ich vom Kissen.
Da sagte der Meister in die Stille:

«Vos postures sont toutes très belles.»
Eure Haltungen sind alle sehr schön.
Meine die elendeste war mitgemeint.
Ich sass wie ein Sack voll Scheissdreck
die Tränen rannen mir über die Backen
und ich heulte wie ein Schlosshund...
aber leiser.
Wieso übe ich das? Ich bin ein Anfänger.
In allem. Und immer. La vie est courte et
éphémère. «Ephémère» heisst flüchtig.
Ein schönes Wort.

Immer noch Juni

Klavier geübt. Präludien Fughetten ein
paar Inventionen... «wormit denen
Liebhabern des Clavires, besonders aber
denen Lehrbegierigen, eine deütliche Art
gezeiget wird, nicht alleine mit 2 Stimmen
reine spielen zu lernen, sondern bey
weiteren progressen auch mit dreyen
obligaten Partien richtig und wohl zu
verfahren»... mit sechzig möchte ich
fünf kleine Stücke können.
Five easy pieces.

26.6.: Nachmittags mit Julius im Pedalo.
Im grünen kühlen Zürisee vom Utoquai ins
Mythenquai geschwommen.

Nachtrag: Ich bin kein Buddhist.
Nicht dass ihr denkt ich wäre einer.
Kein Ismus hat mich jemals überzeugt.
Eine Zeit lang war ich Egoist aber auch
das ist mir verleidet.

Egoismus ist die Staatsreligion der Schweiz.
Auf Plakaten kann man lesen: Geld macht
glücklich. Ich kenne Leute die verdienen
pro Monat 20 000 Stutz und leiden unter
Existenzängsten!
Die Schweiz ist eines der reichsten Länder
der Welt ... Nepal eines der ärmsten.
Für einen Franken gibt es vierzig Rupien.
Wenn einer Arbeit hat in Nepal ... dazu
braucht es Glück und Können ... verdient er
im Monat 4000 Rupien. Damit ernährt er
eine Familie mit Kindern Grosseltern und
Verwandten. 4000 Rupien sind hundert
Franken.

Ich habe unser Geld gezählt. Auf dem Konto
sind 10 000 Franken plus où moins meine
Pensionskasse ist in einem Mischfond
deponiert und 90 000 Franken wert:
100 000 Stutz und ein Haus fast gratis
das ist doch viel zu viel! Liebigen heisst
das Häuschen in dem wir wohnen.
Wenn ich die Löffel gelegt habe gehört
es Tina und euch. Abgemacht?

Variante

Aber man muss Geld verdienen!
Unsinn. Arbeiten muss man.
Mit Freude tun was man tut und
was niemandem schadet. Arbeiten
um Geld zu verdienen und als Trost
vier Wochen sogenannte Ferien:
Das ist Wahnsinn.

Buddhismus

heisse das Leben intelligent geniessen
sagt Thich Nhat Hanh ein Mönch aus
Vietnam. Tina und ich wir möchten dass
ihr das Leben intelligent geniesst. Was
heisst intelligent? Die Leere der Dinge
erkennen ihre Flüchtigkeit. Die des
menschlichen Körpers zum Beispiel.
Sekunde für Sekunde leben so wie einer
der schreibt. Oder nichts tut. Der einfach
sitzt und atmet. Intelligent leben heisst
auf's Geld scheissen. Ich bin Buddhas
unwürdigster Schüler.

Glück

Ein Kind ist glücklich. Es gibt keine Ausrede
wir wissen was das heisst. Glück ist in der
Schöpfung vorgesehen.

Die Welt

ist gefährlich. Wenn ich nur dran denke
wie die Rüdisülis unsre Nachbarn Traktor
fahren! Ab und zu kommt da ein Hund
zu Schanden. Dann tut es ihnen leid sie
kaufen einen neuen aber Fahrstil ändern?
Eher nicht. Passt auf! Nur bei Grün über
die Strasse. Plastikhelme kaufen!
Gelbe Kleber auf die Jacken!
Ich weiss wirklich nicht warum ihr irdisch
werden wolltet. Wolltet ihr oder hat man
euch geschickt? Wieso gerade auf die
Erde? Warum nur Nepal?

26. Juni

Fahrt nach Baden. Feuchtes Wetter.
Tina arbeitet zu viel und kommt jeweils
abends müde und gereizt nach Hause.
Ich tue das nur noch für's Geld sagt sie.
Diese Rotlichter überall! Das sind Glocken
der Achtsamkeit sage ich. Tina müffelt
hässig: «So.» Ich meine Hakuin hat auch nur
«So» gesagt aber sicher nicht so hässig.
Ausserirdische misstraut den Medizinern!
Das sag ich euch als Papa und als Gatte
einer schönen Ärztin. Man nennt sie zwar
Götter in Weiss aber was sind sie:
gestresste unglückliche überarbeitete
verschlafene gedopte Kranke.

Ihr kommt zur Welt im Spital zu Baden
Kt. Aargau. Wahrscheinlich geht trotzdem
alles gut. Aber später: Glaubt ihnen nicht.
Glaubt nur euch selber. Findet heraus
was euch gut tut und was ein bisschen
blutet macht bei uns die Mama.
16 Uhr Kantonsspital. Blutentnahme dann
der Schragen: Babywatching. Das sind
Hoden! sagt Tina nein Ellbogen sagt
Kirsten oder Kerstin. Seid ihr Mädchen
oder Buben? Man sieht es nicht genau.
Kirsten oder Kerstin rät Tina dringend
langsamer zu treten ... zum ersten Mal
in meinem Leben bin ich mit einer Ärztin
gleicher Meinung.

Freitag 29. Juni

Es gibt Pillen die man schlucken kann
und man hat keine Depressionen mehr.
Ein Geschenk des Himmels behauptet
eine alte Freundin. Des Himmels?
Wohl eher der Novartis.
Was ist Glück? Ein flüchtiger Moment ein
mathematischer Punkt? Kann Glück dauern?
Ewig zum Beispiel? Gibt es etwas das über Glück
und Unglück hinausgeht? Thema! Darüber
schreibt jetzt jedes einen Aufsatz ... eine
Seite ohne Fehler. Okay?

Ihr könnt noch nicht mal schreiben.
Nicht mal lesen. Nicht mal reden.
Fangen wir von vorne an. Ich möchte
dass ihr einen Buchstaben lernt.
Könnt ihr den «R» sagen? Es soll mal
einer «R» sagen. Hmm. Schwierig gell!
Ich habe extra mit dem Schwierigsten
angefangen. Die Chinesen nämlich
können keinen «R» sagen. Gut ihr seid
keine aber China liegt bei euch direkt
hinter den Bergen hinter dem Himalaya
wie bei uns Deutschland hinter dem
Jura aber das ist ein Abstecher in ein
anderes Fach: Heimatkunde.
«R» geht so: Zungenspitze an den vordern
Gaumen und dann flattern lassen.
Das ist der vordere «Rrrr». Der hintere wie
wie ihn die Deutschen zu formen belieben
entsteht im hintern Teil des Gaumens es
ist nicht die Zunge die flattert sondern das
Gaumensegel. «Rrrrr!» Wie die Franzosen
aber nicht ganz so weit hinten. «Rrrr!»
«Rrrr!»
Hee wer war das? Wer kann da
schon den «Rrrr»? Zwilling A warst du das?
«Rrrr!»

Prima du kannst es toll! Zwilling B?
«Llll!»
Nein nicht «Llll»: «Rrrr!» Zwilling B: «Llll.»
Zwilling A kann's da wirst du das doch auch
können probier's nochmal!
Zwilling B: «Llll.»
Schade einer ist dümmer als
der andere. Macht nichts. Dafür ist
der andere klüger.
Ihr werdet wählen können Irdische
wie ihr euch auf diesem Planeten
bewegen wollt. Die meisten Menschen
sind nicht glücklich und wohnen in
viel zu grossen Städten. Sie rennen
immer hinter etwas her.
Die Schlauern unter ihnen gehen
wandern ab und zu zum Beispiel auf den
Uetliberg in Zürich den ich euch mal
zeigen werde. Einige ganz Schlaue
nehmen in Selnau die Uetlibergbahn
und wandern nur oben ein bisschen.
Wandern ist angenehmer als Rennen.
Das gilt nur für Erwachsene für Kinder
gilt: Rennen ist prima.
Das Schönste aber ist nicht das Wandern
sondern das Wandeln. Deshalb haben
wir diese schwierige Übung gemacht mit
dem «R» und dem «L». Grundsätzlich rate
ich euch vom Wandern ab und dem Wandeln zu.

Der Wanderer will in der Regel irgendwo
auf einen Aussichtsturm oder in ein
Restaurant. Er wandert zügig auf ein Ziel
zu wo er etwas erleben will: den besten
Wurstsalat oder eine schöne Aussicht.
Dazu lafert er.
Gerne verpasst er so das Wandern selbst.
Wandeln meine Lieben ist wie Wandern
aber achtsam. Ein Wandelnder geht nicht
um anzukommen sondern um zu gehen.
Den eignen Atem geniessen ist eines der
günstigsten Vergnügen das mir jetzt gerade
in den Sinn kommt. Frisches Heu zum Beispiel!
Man möchte es am liebsten selber fressen.
Kühe fressen Heu. Wusstet ihr das?
Wir fressen Kühe. Leider. Immer noch.

Gestern sind wir noch ein wenig um
Liebigen herumgewandelt: Tina Nonna
Nonno Clara und ich. Die Sonne versank
hinter dicken Wolken die sich zu Bergen
über dem Jura getürmt hatten als ob
sie hinter dem Himalaya unterginge
... aus Sicht der Tibeter natürlich.

Clara meine Lieben ist eine zukünftige
Cousine. Sie studiert Kunst in Irland.
Sie hat mir einen Buddha mitgebracht
aus Ton: perfekte Haltung. Wenn ich nur
auch so sitzen könnte! Ich muss dringend
wieder üben. Die Knie tun nicht mehr weh.
«Was ist der Körper des Shakyamuni
Buddha?» wurde Meister Ummon gefragt.
Der alte Zauberer vom Wolkentorberg
war ein mürrischer Bursche... triefäugig
buschige Augenbrauen Hakennase.
Dauernd wurde er so Zeug gefragt.
Shakyamuni Buddha gab es.
Den gab es wie es Jesus Christus gab
... fünfhundert Jahre früher. Geboren in
Lumbini Indien heute Nepal. Und da
kommt einer und fragt:
«Was ist der Körper
des Shakyamuni Buddha?»
«Ein Häufchen trockener Kot»
knurrte er.
Dieser Ummon ist mein grosses Vorbild.
Fast noch grösser als der Hakuin. Ich bin ja
auch ein ziemlich cooler Typ aber dieser
Ummon! Ein Häufchen trockener Kot:
eine tiefe Wahrheit.

Und wie jede tiefe Wahrheit eine Lüge.
Es gibt eine Welt die den Tod nicht kennt ...
einen Klang der nachhallt ... wenn ich
an die Aria der Goldberg-Variationen
denke ...
speichern

2./3. Juli: Übersetzung des Stücks «Chesterfield»
auf Englisch. Ich möchte dass es irgendeinmal
in London gespielt wird am liebsten so lange
ich noch lebe. Ich kann mir gut vorstellen im
Rollstuhl zu sitzen ganz der gefeierte Dramatiker
im Royal Court Theatre mittlere Loge flankiert
von zwei jungen Frauen mit Mandelaugen die
sich um mich kümmern. Liebevoll. Ihr schenkt
mir so viel Zeit scheint mir.

4. Juli

Ihr habt's erraten: Ihr seid Mädchen!
Ihr seid jetzt zwanzig Wochen alt.
Mit Tina dem Mond entgegengegangen
fast hätte ich gesagt gewandelt aber wir
haben gelafert dazu. Ein rosa Pfirsich hing
er über dem Hügel dessen Silhouette von
der Hochspannungsleitung gebrochen wird.
Eine Zeitlang trottete Maxli hinterher den
Schwanz erhoben. Wir gingen langsam
denn Tina trägt schon schwer an euch.

Eines ginggt jetzt mit den Beinen.
Tina arbeitet immer noch. Im Dienst
hat sie einen Piepser. Wenn dann die
Ambulanz losrast wegen irgendeinem
Herzinfarkt im Luzerner Hinterland
muss sie mit. Und ihr auch. Tatü tata!
Festhalten! Und dass mir das keine
Ausrede ist wenn ihr später mal in der
Pubertät alles einen Seich findet!
Es ist alles ein Spiel. Schaut es als
Spiel an das hilft.
Apropos schauen: Noch seid ihr blind.
Ihr müsst nicht selber schauen eure
Mama schaut für euch. Hören tasten
schmecken riechen könnt ihr schon.
Mu gen ni bi ze shin i.
Auf dem Hügel den ihr einst hinunterschlitteln
werdet bleiben wir stehen.
Wir betrachten den Jura den Himmel
mit den roten Schlieren den dunklen
Wald die Geometrie der Felder.
Da liegt unser Häuschen: Liebigen.
Man sieht's nicht hinter all den Bäumen:
dem Nussbaum dem Kirschbaum der
Linde der Buchenhecke... nur wenn
man weiss dass dort ein Haus ist
kann man es erahnen.

Am Horizont der Jura vom Welschland
bis nach Baden. Man hat den Eindruck
eines Bogens und glaubt zu begreifen
dass die Erde rund ist. Etwa wie ein Apfel.
Das ist halt wieder so ein Vergleich wie
der mit dem Mond und dem Pfirsich.
Wenn der Mond ein rosa Pfirsich wäre
... wäre die Erde eine riesige grüne
Wassermelone. Mindestens!
Nachtrag: Oben auf dem Hügel sagte
Tina dass sie ab und zu träume sie sei
Astronautin. Das habe sie schon als
Kind geträumt. Kunststück seid ihr
euch begegnet.

So long!

5. Juli. Freitag wenn ich nicht irre. Ich irre
mich nicht. Ich irre mich nie. Ich irre immer.
Besuch im Rietbergmuseum in Zürich ...
schaut mich ein Japaner an aus einem
Bild heraus: Ikkyû Sôjun (1394 – 1481).
Zen-Mönch. Dichter. Ein etwas resigniert
blickender älterer Herr mit grauen
borstigen Haaren. Sein Profil zeigt nach
rechts der skeptische Blick nach links
... wo ich auch immer stehe im Raum
schaut er mich an. Who the hell is Ikkyû?
Was will der von mir?

Das war gestern. Habe dann etwas viel
Rioja mit Malaga gemischt gesoffen. Im Zug
um 23 Uhr 04 fiel mir nicht auf dass der
nicht hält in Olten um halb eins in der
Nacht war ich in Bern. Die Luft war lau.
Ein Hotel schien mir nicht angebracht.
So torkelte ich durch eine leere Altstadt
die mich so mittelalterlich tagsüber nie
angestarrt hatte hinab zum Bärengraben
dort auf einem Pfad der Aare entlang wo
ich mich hinsetzte ... den vollen Mond
begaffte weiter paffte bis um drei ...
worauf ich zurück zum Bahnhof trottete.
Um 04 Uhr 33 fuhr der erste Zug nach
Z. dort wartete mein Velo und um sechs
Uhr lag ich im Bett.
Heute morgen selbstverständlich.
Der erste Satz «Das war gestern» gilt
nicht für die ganze Geschichte.
Merkt ihr wo er nicht mehr stimmt? Hallo!
Hauduliduu? Ihr habt euch versteckt ich
weiss auch wo! Ihr steckt in Willisau in
Tinas Bauch es geht ihr nicht gut hört
bitte auf zu ginggen!

Irre Wolke

Samstag 7. Juli

Und wieder seicht's in Liebigen. Gestern
war es noch so warm so tüppigschön!
Mir gefällt das eben ich habe gerne
Sommer!

Us de Sicht vom e Dichter
Isch das e truurigen Obe
Zäh Johr Räge
In eren einzigen einsame Nacht

Ein Gewitter ab und zu aber dann bitte
wieder warme Tage! Tennistage Badetage
bitte Petrus bitte! Petrus... Töchter Ohren
spitzen! ist in der Mythologie des christlich
geprägten Europäers der verantwortliche
Gott für das Wetter. Man nennt ihn heute
auch Kachelmann oder Wetterfrosch
oder wenn es eine Göttin ist die das
Wetter am Bildschirm verkündet:
Wetterfee. Wetterfee ist ein schöner
Beruf gerade für Mädchen. Ich kenne
den Programmdirektor vielleicht lässt
sich da etwas mischeln.

Tina ist eine schöne Frau. Heute Morgen
kam sie in mein Bett geschlichen. Dann
sagte sie: Fester fester und plötzlich:
Au nicht so fest und ich war wieder der
Löli aber so ist das im Leben. Einkaufen
im Coop und in der Migros weil ... gewisse
Dinge gibt es nur im Coop und andere
in der Migros. Anscheinend. Wobei ich finde
es gibt in beiden alles jedenfalls genug
um gut zu überleben. Aber im Coop gibt
es die besseren Joghurts.

Montag 9. Juli

Beginn des Tenniskurses J+S. Habe mit
Jasmin der Tochter der Rüdisülis einen Deal
gemacht: Wenn du nicht maulst und dich
einsetzt im Training rauche ich nicht auf
dem Tennisplatz zwischen 9 und 15 Uhr.
Daran habe ich mich gehalten. Aber sofort
nach dem Training habe ich ein Päckli
Barclay gekauft zu Hause einen Joint
gedreht Klavier geübt und weiter übersetzt.
Ein schönes Stück es macht den Leuten
Freude und wenn ich mal nicht mehr bin
habt ihr zehn Prozent der Abendkasse.
Alles klar?

Papa

Mini einsam Flöte tönt so bitter
das es weh tuet
Verschtoht de wenigschtens a de Chrüzige
vo de Houptstadt öpper mini Musig
I de Zen-Schueu het der Ikkyû
wärli weni Fründe

Sonntag

Buurezmorge auf dem Tennisplatz. Röschti
mit Speck Spiegelei und Mortadella dazu
Milchkaffee: Hierher hat es euch verschlagen
meine Lieben. Wir sind Schweinefresser.
Cordon bleu Landjäger Vitello tonnato:
Das alles hat einmal Muh gemacht oder Mäh
oder gegrunzt. Einfach nicht vergessen.
Was isst man dort wo ihr herkommt?
Gilt dort auch das Gesetz des Fressens
und Gefressenwerdens? Ist das überall so?
Welcher Planet ist der brutalste?
Wieso ist der Mensch wie er ist?
Ist er was er ist oder ist er was er isst?
Kann mir das jemand erklären bitte!

Juli

Es wird mir alles etwas viel. Ich fahre mit
dem Velo bis nach Zofingen der Intercity hält in
Bellinzona ab Locarno geht's hinauf ins
Tal der hundert Täler.
Stellt euch einen Wald vor: Tannen und
Kastanienbäume. Nach einer halben
Stunde steilen Wegs die Lichtung und
mitten drin ein Steinhaus. Zweihundert
Jahre alt. Das Dach aus schwerem
Schiefer. Elektrisch gibt es nicht.
Jetzt heisst's Wasser schleppen
Feuer machen putzen.

Maka Hannya Haramita Shingyo

kan ji zai bo satsu gyo jin han nya ha ra
mi ta ji sho ken go on kai ku do is sai
ku yaku
sha ri shi shiki fu i ku ku fu i shiki shiki
soku ze ku ku soku ze shiki ju so gyo
shiki yaku bu nyo ze
sha ri shi ze sho ho ku so fu sho fu metsu
fu ku fu jo fu zo fu gen ze ko ku chu mu
shiki mu ju so gyo shiki mu gen ni bi ze
shin i mu shiki sho ko mi soku ho mu gen
kai nai shi mu i shiki kai mu mu myo yaku
mu mu myo jin nai shi mu ro shi yaku mu
mu ro shi jin mu ku shu metsu do mu chi
yaku mu toku i mu sho to ku ko

bo dai sat ta e han nya ha ra mi ta
ko shin mu kei ge mu kei ge ko mu u
ku fu on ri is sai tendo mu so ku gyo
ne han
san ze sho butsu e han nya ha ra
mi ta ko toku a noku ta ra san myaku
sam bo dai ko chi han nya ha ra mi ta
ze dai jin shu ze dai myo shu ze mu
jo shu ze mu to do shu no is sai ku
shin jitsu fu ko ko setsu han nya ha ra
mi ta shu soku setsu shu watsu gya tei
gya tei ha ra gya tei ha ra so gya tei
boji so wa ka
han nya shin gyo

S Härzsutra.
Übersetzig gfällig? Jo chöned dänke.
Uswändig lehre de rede mir drüber.

Am letzten Nachmittag zum Wasserfall
hinaufgeklettert türkis blinkt das
schneegekühlte Wasser. Nackt auf
einem Stein gelegen. Himbeeren gepflückt
und gegessen. Das Haus geputzt.
Den Schlüssel zurückgebracht.

Samstag 16. Juli

In Liebigen steht ein Kirschbaum.
Ausserhalb der Buchenhecke die Zweige
hängen bis ins Feld der Rüdisülis.
Die Sonne dringt durch und die feuchten
Gräser beginnen zu dampfen. Der Baum
trägt wie jeden Sommer ein paar Dutzend
Kilo rote Herzkirschen.
Kirschenpflücken ist gefährlich meine
Lieben. Von einem Baum herunterfallen
ist das Dümmste was passieren kann.
Wir stammen von Wesen ab die auf
Bäumen herumkletterten wisst ihr das?
In Afrika. Long time ago! Wir können es
immer noch aber nicht mehr so gut.
Zuerst müsst ihr atmen lernen Schoppen
nuggelen ins Häfeli scheissen. Wenn ihr
aufrecht gehen könnt dürft ihr klettern
üben. Aber am Anfang nur wenn jemand
dabei ist! Klettern ist gefährlich.
Wie mancher Bauer der glaubte er könne
es fiel vom Baum und machte sich den
Rücken kaputt! Lahm. Im Rollstuhl.
Lebenslänglich! Volkswirtschaftlich ist die
Kirschenpflückerei sowieso ein Humbug
die Kosten für vom Kirschbaum gefallene
Paraplegiker überschreiten bei Weitem
die Gesamteinnahmen der Ernte.

Ich bin ein guter Kirschenpflücker.
Mir passiert nie etwas weil ich aufpasse.
Also schaut genau zu wie man es macht
damit ihr das später könnt. Ich erkläre es
richtig aber nicht zwei Mal. Augen auf!
Ohren spitzen!
Zuerst geht man zum Baum und schaut ihn
an. Die schönsten Kirschen hängen natürlich
wieder mal zuoberst. Oder ganz aussen. Man
rupft ein paar ab die man aus dem Stand
erreicht. Hier für dich. Und für dich. Süss
hm? Sagt mal wie heisst ihr eigentlich?
«Njamjam.»
Njamjam ist kein Name!
Man mampft also und denkt nach. Am
besten natürlich nicht gleichzeitig sondern
nacheinander. Erst mampfen und dann
denken. Wer mampft mampft. Wer denkt
denkt. Okay? Habe ich alles? Was will ich
eigentlich? Wozu bin ich auf der Welt
diese Frage hatten wir schon das wissen
wir nicht aber: Kirschenkonfitüre zum Beispiel
ist etwas Feines. Vor allem zum Zmorgen
mit frischer Züpfe. Wir machen also eine
Kirschenkonfitüre. Was brauchen wir dazu?
Einen Kirschbaum. Haben wir. Den habe
ich vor etwa fünfzehn Jahren gepflanzt mit
Hilfe meines Vaters. Ich nannte ihn: Vati.
Ihr dürft mich Papa nennen. Papa ist
italienisch und heisst Papst.

Was brauchen wir noch? Eine Leiter!
Hinter dem Haus unter dem Vordach.
Mitkommen allez hopp! Hier. Relativ neu
aus Aluminium. Ist das ein Dreck auf dem
Pingpongtisch den Motormäher kann man
ins Alteisen geben was noch? Die Harke.
Damit jätet man in der Regel Unkraut doch
man kann sie auch zum Pflücken brauchen.
Was noch? Fuchsschwanz! Den brauche
nur ich ein richtiger Bauer braucht so etwas
nicht aber ich habe einen Trick erkläre ich
später der Korb! Wo ist der Korb? Im Stall
muss der sein irgendwo hinter Lizzys
Hammondorgel Himmelarsch ist das ein
Grümpel hier Korb wo bist du? Und die
Orgel muss nach Afrika da! Abstauben.
Zwei Gürtel. Mit dem einen binde ich mir
den Korb um den Bauch. So.
Gut verschlaufen.
Wieso erzähle ich das eigentlich? Habt
ihr überhaupt gern Kirschenkonfitüre?
Aber natürlich jedes Kind hat das gern.
Und ich bin Weltmeister im Kochen
von Kirschenkonfitüre das sage ich
nicht um zu bluffen das ist so.
Das sagt sogar Tina.

Man kann über mich sagen was man
will aber als Kirschenkonfitürenkoch bin
ich Weltklasse. Einsame. Mitkommen!
Seht her ich habe Tennisschuhe an.
Gute Schuhe sind wichtig damit man nicht
ausschlipft. Die Leiter stelle ich ins Gras
ziehe sie aus und lehne sie an einen
dicken Ast. Was heisst dick? Armdick
muss er sein mindestens. Mein Arm
nicht eure Ärmchen! Schaut her das
sind Muskeln he!
Jetzt klettere ich hinauf geht ein bisschen
zur Seite da unten! Oder noch besser:
Haltet die Leiter! Links und rechts! Haltet
die Leiter! Seht ihr mich noch? Ich binde
sie jetzt an den Baum mit dem zweiten
Gürtel einem dünnen weissen.
Achtung ich komme wieder herunter.
Gebt mir die Harke und den Fuchsschwanz.
Auf geht's. Hört ihr mich noch? Ich bin da
oben im Baum! Wo seid ihr plötzlich?
Wieso schaut niemand zu? Immer wenn ich
etwas wirklich gut kann schaut niemand zu.
Kirschenpflücken ist nicht einfach!
Es gibt sogar ein Lied darüber.

Chum mir wänd go Chrieseli günne
Weiss amen Ort gar grüüseli vöu
Roti schwarzi gibeligääli
Zwöi bis drü amen einzige Stiel
Falleri fallera falleri falleraa
Zwöi bis drü amen einzige Stiel

Oh! Das sind schöne! Die da aussen! Zu weit weg. Harke. So das ist ja mindestens ein halbes Pfund. Der Schweiss tropft mir von den Augenbrauen. Sss! Was ist das? Sssssss! Fort mit dir du Untier! Da oben sind noch ein paar ganz schöne. Falleri fallera! Falleri falleraa!
Ich muss mich anders hinstellen. Da! Ganz oben. Zwei bis drei? Fünf bis sieben! An einem Stiel! Durch die Blätter blinkt der Himmel. Da noch welche ... da und da falleri falleraa ... aufgepasst! Nix falleri falleraa! Wach sein auch beim Singen! Die nicht mehr! Wenn sie noch so leuchten locken: Falleri fallera bei diesem Lied muss man aufpassen! Plötzlich liegt man am Fusse der Leiter weiss vor Schock und macht keinen Mucks mehr. Wenn man Glück hat finden einen die Rüdisülis und telefonieren dem Doktor. Und dann? Tatü tata und ab nach Nottwil. Fuchsschwanz! Ein klarer Fall für den Fuchsschwanz.

Es ist ja eher eine krumme schartige
säbelartige Säge aber ich sage so gerne:
Fuchsschwanz. Was ist das für ein Ast?
Es ist der Ast an dem die Leiter lehnt.
Hm. Links oder rechts? Der Stamm ist
links der Ast ist rechts die Leiter in der
Mitte und ich säge rechts von der Leiter
wo der Ast schon etwas dünner ist ein
Zweiglein nur noch doch mit reifen
Kirschen prall beladen ich säge säge
plumps: Er liegt im Feld.
Ein Auto hupt aha die Malers. Für dich
sag ich zu Myrta so kannst du sie am
Boden pflücken und wir erinnern uns
der Zeit als ich noch Kadett war in der
Kinderarmee von Zofingen. Da nutzten wir die
Gefechtspausen um liegend Kirschen
zu essen.
Leo hat die ersten Bestrahlungen hinter
sich. Rauchend bewundern wir die Höhe
des Hanfs. Er wächst kraftvoll und im
eigenen Gehege das ich gegen die
Schnecken gebaut habe worauf Maxli
es usurpierte als Klosett. Was aber wie
Leo meint den Pflanzen eher nütze
als schade. Eine schöne Ernte.
Die Männchen rupfen wir aus.
Die Weibchen lassen wir leben.

Liebigen 1. August

Den Buddha den eure Cousine mir
mitgebracht hat selber modelliert aus
Ton perfekte Haltung hab ich auf den
Pingpongtisch gestellt. Dann habe
ich ein Räucherstäbchen angezündet
mich verbeugt and Clara did the same
as me. Wir haben ein Feuer gemacht.
Es war ein süttig heisser Tag und eine
saure Arbeit quasi im Schweisse meines
Angesichts. Ich habe alles verbrannt was
ich die letzten Jahren geschrieben habe.
Alles ausser «Chesterfield».

Montag 5. August

Wieder nach Locarno diesmal ans Festival
mit Tina. Im Auto ohne Stau bis Ponte
Brolla. Albergo Centovalli: Zwei Palmen
zieren eine rosa Hausfassade zauberhaft
das Zimmer Nr. 9. Grüne Fensterläden ein
zugemauerter Kamin das Doppelbett.
Wir geniessen sogar das Auspacken der
Taschen. Was läuft denn heute auf der
Piazza grande ... Kino? Eher nicht für
Tina ist Erholung angesagt.

Donnerstag 9. August

Um 11 Uhr 59 den Radiomann am Bahnhof
von Locarno abgeholt. Im Albergo Risotto
gegessen den besten der Gegend.
Das Rezept stammt von Signore Pozzi
dem Ehemann der schnauzbärtigen Emilia
die als Kind in Zürich aufwuchs genauer
in Oerlikon und heute noch Wörter braucht
wie die Zürcher der Filme von Kurt Früh:
«Schabe» zum Beispiel für hübsche Frau.
Zurück zum Risotto. Der ernährt heute die
ganze Familie Pozzi inklusive ein halbes
Dutzend Angestellter. Das Lokal ist immer
ausverkauft da die Filmfritzen und Franzen
und Fratzen und Frätzchen von diesem
Risotto gehört und ihn mindestens einmal
gegessen haben wollen. Wer ihn einmal
gegessen hat will ihn wieder essen.
Reis und Pilze stammen aus der Gegend.
Die Pointe ist der Gorgonzola mit dem er
gewürzt ist. Cremig kommt er
daher und auch der Radiomann selber
Risottokoch wie er beteuert geniesst.
Tina isst mit geht dann aber bald zurück
ins Zimmer. Sie fühlt sich schwer und
müde.

L'orrido

Stammgast... nein aber einer der immer
wieder kommt. Die Osteria all'orrido liegt am
Brückenkopf von Ponte Brolla. Rechts zweigt
die Strasse ab ins Maggiatal und links ins
Tal der hundert Täler. Vom Garten hat man
eine gute Sicht hinunter in die Schlucht.
Die Wirtin siebzig onduliert hat am Leben
nicht nur genippt. Sie kennt die Abstürze
und Besäufnisse... die verzweifelten und
die seligen. An der Theke hängt ein Dicker
rauchend vor einem Einerli Weissen.
Er trägt Militärhosen und ein T-Shirt mit
Mustern die an Henri Matisse erinnern.
Ich bestelle eine Cola mit Eis.
Abwechslungsweise trinkend und rauchend
denke ich ein bisschen und schreibe mit
Bleistift in ein Notizbüchlein was ich
gedacht habe. Ich denke an euch.
Stellt euch vor ihr habt Namen bekommen!
Wunderschöne Namen finde ich. Das eine
Mädchen heisst ab sofort Angelina Kumari.
Angelina zu Ehren deiner Urgrossmutter.
Wenn dich jemand fragt wieso du auch
Kumari heisst so sagst du einfach damit
ich wählen kann. Ich habe zwei Väter...
einer kommt aus Kathmandu und heisst
Krishna. Kumari ist der Name einer
nepalesischen Göttin.

Das andre heisst Giulia Chandrika.
Du heisst Giulia zu Ehren einer früh an
Krebs verstorbenen Tante. Wenn dich
jemand fragt wieso du auch Chandrika
heisst so sagst du einfach damit ich
wählen kann. Ich habe zwei Väter.
Einer kommt aus Kathmandu und
heisst Krishna. Chandrika bedeutet:
silberner Mond.
Honigfarben. Was heisst honigfarben?
Es gibt hellen Feld- und Wiesen- und
dunklen Tannenhonig. Honigfarben?
Als ich Tina verlassen hatte sass sie
auf dem Bett... zwei Kissen im Rücken
und las. Wahrscheinlich liegt sie jetzt
und horcht in ihren Bauch hinein.
Ihr trommelt und trampelt. Nicht so wild
meine Lieben! Wir freuen uns auf euch.
In der Maggia kenne ich eine Stelle da
gehen wir unbedingt mal hin. Sandstrand.
Klares aber kaltes Wasser.
Über die Brücke dröhnt der Verkehr.
Unten gurgelt der Fluss zwischen den
runden Felsen hindurch. Eine Ambulanz
jault dazu. Passanten bleiben stehen
und gaffen. Der Himmel ist von einem
hellen Hellblau darauf getupft ein
Goldwölklein.

Samstag 11. August

Auf der Rückfahrt tanken wir in Bellinzona.
Zeitungen gekauft und Zigaretten. Notiz
im Tagesanzeiger:

Badeunfall. Eine 18-jährige Deutsche ist am Freitag beim Baden in
der Maggia in der Nähe von Ponte
Brolla ertrunken. Die junge Frau
war beim Schwimmen in einem
natürlichen Pool von der Strömung mitgerissen worden.

Sonntag 12. August

Allein in Liebigen nur widerwillig den
Computer angestellt:
Seid ihr verrückt geworden!? Aufhören
aber subito! Fünfundzwanzigste Woche
ist viel zu früh! Ihr könnt noch nicht atmen!
Es wäre alles fertig aber die Lungen!
Hört auf zu zappeln! Was soll ich nur
machen? Tina im Spital man stellt sie
ruhig mit irgendeinem Gift das die
Kontraktionen dämmt es geht gegen
Mitternacht was mache ich nur!

Montag 13. August

Julius ist ein pausbäckiger Bub von elf
Jahren der Sohn einer Freundin. Seinen
Vater kennt er nur vom Hörensagen.
Ab und zu besucht er mich in Liebigen.
Er ist eigentlich ein Indianer und hat
Sommerferien.
Für heute haben wir geplant in der Aare
schwimmen zu gehen und auf einer Insel
zu übernachten. Um neun bin ich mit ihm
in Zürich verabredet. Früh aufgestanden
halb acht weggefahren. Normalerweise
hat man nach Zürich drei Viertelstunden
da gerate ich schon in Lenzburg in einen
Stau das glaubt mir keiner ein Unfall
im Schritttempo bis zum Baregg.
Als ich am Kantonsspital Baden vorbeistottere
ist es schon fünf vor neun.
Ich zögere ich eine Sekunde und bleibe
auf der Autobahn. Julius erwartet mich
ungeduldig. Was machen wir? Sofort zu
Tina ins Spital! Wir blochen zurück nach
Baden und wetzen zum Empfang:
Wo liegt Frau Hilfiker?
«Was für eine Frau Hilfiker?» «Tina Hilfiker.»
Gibt es nicht. «Tina Hilfiker-Comensoli!»
«Wann wurde die eingeliefert?» «Gestern
Abend!» «Die ist ausgetreten.» «Ausgetreten?
Wohin ausgetreten?»

Da heisst es wir sollen sofort hinauf in
die Gebärabteilung. Oben warten eine
Ärztin und der Oberarzt mit ernsten
Gesichtern. Sie hätten sofort handeln
müssen und Tina nach Zürich verlegt
ins Universitätsspital. «Was?» «Mit Blaulicht.»
«Wieso?» Dort würden die Medikamente
höher dosiert. «Ist das dort wo ein
goldener Mannsgöggel davorsteht?»
fragt Julius. Genau. Wir sofort zurück
nach Zürich tatü tata.
Tina liegt in einem Einzelzimmer. Sie ist
verkabelt und hat matte Augen. Wehen
krampfen ihren Leib zusammen in
unberechenbaren Wellen. Man sieht auf
einem Monitor wie eure Herzen pumpen.
Immer wieder zappelt ihr und wollt heraus.
Wieso! Vertragt ihr das Cortison nicht
das eure Lungen bläht? Geduld sag ich
zu Tina das sag ich euch das sag ich mir.
Und jetzt? Ihr geht jetzt baden in der
Aare und macht euch einen schönen
Tag sagt Tina die Tapferste der
Tapferen.

Speichern unter: Zwillinge.doc

«Die unaufhörlichen Bemühungen, das Leiden zu verbannen, leisten nichts weiter, als dass es seine Gestalt verändert. Diese ist ursprünglich Mangel, Not, Sorge um die Erhaltung des Lebens. Ist es, was sehr schwer hält, geglückt, den Schmerz in dieser Gestalt zu verdrängen, so stellt er sogleich sich in tausend andern ein, abwechselnd nach Alter und Umständen – als Geschlechtstrieb, leidenschaftliche Liebe, Eifersucht, Neid, Hass, Angst, Ehrgeiz, Geldgeiz, Krankheit usw. usw. Kann er endlich in keiner andern Gestalt Eingang finden, so kommt er im traurigen, grauen Gewand des Überdrusses und der Langeweile, gegen welche dann mancherlei versucht wird. Gelingt es endlich, diese zu verscheuchen, so wird es schwerlich geschehn, ohne dabei den Schmerz in einer der vorigen Gestalten wieder einzulassen und so den Tanz von vorne zu beginnen.»
W I, 432

Ach es ist zum Kotzen. Es hat doch alles keinen Sinn. Es kotzt mich alles an! Schopenhauer inbegriffen.

23. August

Hallo meine Lieben!

Warum haben die mich gemacht? fragte ich mich voller Verzweiflung die längste Zeit meines Lebens. Ich lebte nicht gerne. Die Eltern zu fragen wagte ich nicht sie hätten mir ausweichende Antworten gegeben. Ich war nicht glücklich damals. Ich war sehr unglücklich! Das fing etwa in der Zeit an die man Pubertät nennt und endete an meinem vierzigsten Geburtstag. Seither bin ich glücklich. Warum? Weil es das Schlauste ist was man sein kann.
Mit Julius fuhr ich dann nach Liebigen wo wir überlegten was wir alles brauchten: Schlafsack Mückenmittel zwei Matratzen. Dann ging es weiter nach Aarwangen. Nein ich bin nicht traurig sagte ich zu ihm ich mache mir Sorgen. Aber du hast recht das hilft nichts. Wir legten eine CD ein die Filmmusik zu Easy Rider und öffneten die Seitenfenster. In unsere Ohren und durch uns hindurch blies der warme Sommerwind. Und wir sangen: Born to be wild.

Bei Aarwangen stellten wir den Fiat ab.
Es war schon sieben unterdessen ein
goldener warmer Augustabend. Auf den
Feldern fuhren Bauern Gerste ein.
Wir gingen der Aare entlang die irgendwo
rauschte versteckt hinter dichtem Gebüsch:
Da! Die Insel! Wir wateten hinüber:
Wildnis. Rundum Wasser eine Feuerstelle
ein kleiner Sandstrand. Zu essen gab es
Chips und Gummibärchen zu trinken
eisgekühlten Traubensaft und wir lebten
wie im Paradies. Wahrscheinlich sogar
etwas luxuriöser.
Zurück zu euch. Angelina! Giulia! Meine
kleinen Mädchen. Passt auf ihr seid zu
klein! Bleibt drin. Bitte. Gestern wurden
Tina drei Liter Fruchtwasser abgezapft
worauf die Krämpfe so heftig einsetzten
dass man sie mit einem Cocktail einschlafen lassen
musste. Eine zweite Ration gab es für die
Nacht. Wir haben heute Morgen miteinander
telefoniert nur damit ihr wisst worum es
ging. Also. Die Punktion ging gut. Das ist
die positive Nachricht. Aber Tina hat
zu viel Fruchtwasser.

Es könnten die Nieren sein sagte der
Ultraschaller die Nieren der Kinder.
Wahrscheinlich sind es Eineiige da sie
dasselbe Problem haben. Sie scheiden
zu viel aus. Nun wird das Fruchtwasser
genetisch abgeklärt. Tina hat schon
immer zwei Dinge gewusst. Erstens:
Wenn ich einmal ein Kind will will ich
eins Abtreibung kommt nicht infrage.
Zweitens: Wir nehmen an was kommt.
Wir nehmen auch ein Behindertes ohne
zu reklamieren. Ihr könnt kommen
wann ihr wollt aber ich rate euch:
Wartet noch ein wenig.
Nochmals zur Sache mit dem Glück.
Schopenhauer sagt: Es wäre besser
nicht geboren zu sein. Da bin ich eben
nicht so sicher. Wenn er zum Beispiel nicht
geboren worden wäre hätte er den
Satz nicht sagen können.
Er sagt auch irgendwo: Das Leben ist
ein Pensum zum Abarbeiten. Er hat
recht. Ich will nicht widersprechen.
Aber wer clever ist arbeitet gerne.
Abarbeiten? Gerne arbeiten ist
Glück. Das übe ich.

Abwaschen zum Beispiel pfui Teufel! Unsinn.
Das warme Wasser über den Händen
die interessante Form eines jeden
Bestecks einer Gabel eines Messers
eines silbrigen Löffels! Ich wasche
gerne ab. Und wenn ich mit heissem
Wasser abgewaschen habe gehe ich
wieder ans Klavier mit warmen
schnellen Fingern. Wollt ihr einen
guten Rat von mir? Nicht?
Dann blast mir in die Schuhe.

Papa

28. Woche

Durchhalten meine Lieben. Mit jeder
Woche steigen eure Chancen. Vierzig
Wochen ist die durchschnittliche Zeit die
ein Homo sapiens nach der Zeugung
im Leibe seiner Mutter zu verbringen
pflegt bevor er den ersten Schrei tut.
Im Tessin haben wir eine Familie getroffen
mit zwei Kindern. Das Mädchen ist acht
und spielt aus dem Wohltemperierten
Klavier. Auswendig. Nach dem Gehör.
Der Bub hat einen Geburtsschaden ist
fünfzehn kann nicht reden und spielt
mit Puppen. Vierzig Wochen. Wir sind
mit weniger zufrieden aber bitte:
Wartet noch.

«Ha ghört am Färnseh» sagt Heinz «vo
Vierling z Lozärn die het men im sächste
Monet gno die si knapp es Kilo gsi u hei
überläbt.» Lisbeth nickt dazu. Heinz und
Lisbeth sind unsere andern Nachbarn.
Er ist ein knorriger Mann mit verwerkten
Händen. Vierzig Jahre hat er in der
Fabrik gearbeitet daneben einen kleinen
Hof bebauert sie hat dabei geholfen.
Die beiden wohnen oben am Waldrand
und freuen sich auf euch. Heute sind
sie nach der Kirche vorbeigekommen
und haben sich erkundigt.
«Mir si ned wäge dem cho» sagt Lisbeth
als ich sie frage ob sie etwas trinken
möchten. Wir öffnen trotzdem ein Gütterli
und prosten auf eure Gesundheit. Etwas
später singe ich ein Lied. Heinz hört zu
und schmunzelt. Lisbeth summt mit.
Das Lied geht so:

I bi de Schacher Seppeli
im ganze Land bekannt
Bi früener s flöttischt Pürschtli gsi
hüt bin i e Vagant
Bi zfride wenn i Znacht chli Strou
am Tag mis Jointli ha
Und wenn de Herrgott Gsundheit schänkt
s isch aus was' brucht jojo

S goht uf de Wäut gar arig zue
i ha s scho mängisch gseh
dass d Lüt wäg dem verfluechte Gäud
enand tüend schüli weh
We schön chönt s doch do unde sii
de Vogu uf em Boum
er singt chum lueg das Ländli a
di Schwiz isch doch e Troum

Alles ist ein Traum geht mir durch den
Kopf nicht nur die Schweiz.
«Mir hätte de no nes Wiegeli gäu» sagt
Heinz nachdem das Lied zu Ende ist.
«Gieng das ou für Zwilling?» frage ich.
«Jä jo» sagt Lisbeth und Heinz:
«Am Afang sicher.»

Speichern unter

Ein anderer Philosoph der E. M. Cioran
schildert ein Begräbnis in der Normandie.
Er fragt einen Bauern der den Leichenzug
von Weitem betrachtet nach Einzelheiten.
«Er war noch jung kaum sechzig. Man hat
ihn tot im Feld gefunden. Was wollen Sie ...
so ist es ... so ist es ... so ist es ...» Dieser
Kehrreim, der mir im Augenblick grotesk
vorkam, ist mir später nachgegangen.
Der brave Mann ahnte nicht, dass er vom
Tod alles sagte, was man von ihm sagen
kann, und alles, was man von ihm weiss.

Ahnte nicht? Der brave Mann ahnte nicht?
Was für ein arroganter Schafseckel!
Ein Bauer der jede Woche einen Chüngel
metzget versteht mehr vom Tod als so
ein Philosoph der daneben steht die
Hände im Sack und den Leuten die
Würmer aus der Nase zieht. Einer wie
Heinz zum Beispiel ahnt nicht der weiss.

Anfang September

Kleider machen Leute. Sich anziehen meine
Lieben ist eine grosse Kunst. Eure Mama ist
eine Meisterin darin. Von ihr habe ich gelernt
dass man bevor man frische Kleider anzieht
duschen oder baden soll. Ich bade lieber
denn ich singe gerne in der Badewanne.
Was man anzieht hängt mit dem Wetter
zusammen und damit was man vorhat.
Ich gehe Tennis spielen dann zu Tina ins
Spital und abends an ein Fest mit Lizzy
Hammond. Mamma Afrika! Stellt euch
eine Frau vor schwarz wie die Nacht
und ein Herz wie die Sonne. Trommlerin
Sängerin Tänzerin. Lizzy deren Orgel
im Stall darauf wartet nach Accra
spediert zu werden als Prunkstück
für die Kirche.

Accra liegt in Ghana nahe beim Äquator.
Dort trug ich ein weisses Baumwollkleid
mit schwarzen Ornamenten. Aber das
darf ich nicht anziehen Tina hat es
streng verboten. So läufst du mir nicht
in Zürich herum! hat sie geschimpft.
«Warum denn nicht?» «Ich will mich nicht
für dich schämen müssen!» «Für mich
muss sich niemand schämen!»
Keine Chance. Und schliesslich will ich
Tina gefallen. Und nicht nur ihr euch
auch. Ihr sollt mal einen schönen Papa
haben einen alten aber schönen.
Angelina und Giulia: was für tolle
Namen! Ich freue mich auf euch das
glaubt ihr nicht. Was ziehe ich nur an!
Ich werde Tennis spielen. Ich werde
Zug fahren. Ich werde Tram fahren.
Ich werde Tina im Spital umarmen.
Ich werde sie auf den Bauch küssen.
Darunter eure Köpfchen spüren.
Angelina. Engelchen. Änneli.
Giulia. Julchen. Schüggeli … jetzt
aber allez hopp ab in die Wanne!

Oh when the Saints go marching in
oh when the Saints go marching in
oh Lord I want to be in that number
when the saints …

Mister Afrika

21 Uhr 32 europäische Zeit

Sass in der Stube in Liebigen wo ich immer
noch sitze am Tisch jetzt am Computer.
Ich füllte das Baugesuch aus mit einem
blauen Kugelschreiber: Umbau des Büros
zum Kinderzimmer der schmalen Küche
zum grossen hellen Raum von dem wir
träumen mit Fenstern gegen Osten.
Ich hatte lange Zeit nach Tina da rief sie
an aus dem Spital und sagte: Sei froh
dass du keinen Fernseher mehr hast.
Attentate in Amerika. Tausende von Toten.
Manhattan evakuiert. Die Bilder würden
zwei Türme zeigen und ein Flugzeug das
in einen der beiden hineinfliege. Wie ein
Trickfilm sehe es aus Stichflamme
Schutt und Asche. Das Entsetzlichste
seien die Bilder der Menschen die sich
aus den brennenden Gebäuden fallen
liessen dreihundert Meter in die Tiefe
wie Puppen.

Giulia. Angelina. Ach meine Lieben.
Beeilt euch nicht zu sehr. Das Baugesuch
verschiebe ich auf morgen. Gute Nacht
ihr drei.

Herrn
Robert Affentranger
Bauverwalter
Gemeindehaus
4805 Brittnau

Brittnau 12. September 2001

Werter Robert,

hier wie besprochen das Baugesuch. Es geht
A) um eine Umgestaltung der Räume
«Küche» und «Wohnen» in einen Raum,
B) um den Einbau von zwei Fenstern auf der Ostseite,
C) um das Errichten eines Windfangs (Glas)
vor der Haustüre.
Ich bitte Dich, das Gesuch wohlwollend zu prüfen.

Mit freundlichen Grüssen

Nachtrag: Bush ist nicht der Gute Bin Laden
der Böse. Jetzt wissen wieder alle wo Gott
hockt: Eritis sicut Deus scientes bonum et
malum. Gut und Böse gibt es aber nicht
als feste Grössen mit denen man herumplagieren sollte.

Hiroshima. 6. August 1945 einfach nicht
vergessen. Zweihunderttausend Tote:
Frauen Kinder Greise. Die Flieger kamen
aus Amerika. Das war feige dumm und
rachsüchtig. Man hätte die Bombe auch
ausserhalb der Stadt abwerfen können
oder zumindest die Menschen warnen
vorher.
Es gibt das Gute und das Böse wie es
Helles gibt und Dunkles. Ohne Helles gäbe
es das Dunkle nicht. Und ohne Dunkles nicht
das Helle. Der Tag bedingt die Nacht die
Nacht den Tag. Da dies ist ist jenes.

Telefon mit Tina.
«Die gute Nachricht: Leo geht es besser.
Operation geglückt Tumor nicht in die
Blase hineingewachsen der künstliche
Darmausgang rückgängig gemacht.
Er darf einfach noch nicht essen.»
«Sie können schon viel.
Wie geht es dir?»
«Sechs Mal hat er gestochen. Ich musste
mich konzentrieren dass ich nicht um
mich schlug.»
«Ach du Armes.»
Schweigen.

«Kann ich etwas tun?»
«Den Epilady könntest du mir bringen
wenn du das nächste Mal kommst.»
«Was ist ein Epilady?»
«Du weisst doch was ein Epilady ist!»
«Zum Haare entfernen?» «Ja!» «Wo finde
ich den?» «Beim Lavabo im Kästchen in
der drittobersten Schublade.»

Leben sei Leiden sagen die
Buddhisten habe Buddha erkannt. Die erste der vier
edlen Wahrheiten. Leider die einzige die
ich bis jetzt verstanden habe. Die zweite
heisst: Leiden entstehe durch Anhaften an
die Welt. Die dritte: Wer dieses Anhaften
gelöst habe sei vom Leiden befreit.
Die vierte Wahrheit schildert den Weg
den ein Mensch gehen soll um die
Ursache des Leidens aufzulösen
den achtfachen Pfad.

Was ist das Gute?
Gut ist was Leiden lindert.
Was das Böse?
Böse ist was Leiden schafft.

1977 schossen die Amerikaner zwei Raketen
ins All: Voyager 1 + 2. An der Spitze jeweils
eine Sonde. Auf goldschimmernde Platten
geritzt enthalten sie Klänge und Bilder der
Erde um andern Intelligenzen einen Kontakt
zu ermöglichen. Darunter befindet sich auch
ein Musikstück von Johann Sebastian Bach
gespielt vom kanadischen Pianisten Glenn
Gould: das Präludium in C-Dur aus dem
Wohltemperierten Klavier. Ein einfaches
Stück. Ich übe es seit einiger Zeit.

«Hör zu jetzt spiele ich Klavier.»
«Nicht dass sie erschrecken!»
«Nein nein. Leg den Hörer auf
den Bauch!»
«Aber leise!»
Ich setze mich ans Klavier mit kalten steifen
Fingern. Hört ihr mich?

Zeig mir das Gesicht
das du hattest
bevor Vater und Mutter
dich zeugten

Liebigen 21. September

Liebste Angelina! Liebste Giulia!

Heute Morgen um 5 Uhr 05 beziehungsweise
06 habt ihr das Licht der Welt erblickt eine
Operationslampe des Universitätsspitals
von Zürich. Leider war ich nicht dabei.
Ich bin dümmer als ich dachte.
Etwas geahnt hatte ich schon.
Am Vorabend besuchte ich Tina im
Spital frische Wäsche im Migrossack
Magnesiumtabletten und ein Kilo blaue
Trauben. Die Türe des Zimmers Q 58
stand offen das bedeutete die Patientin
ist wieder im Gebärsaal. Es war Viertel
nach sechs. Tina hatte Krämpfe aber der
Bauch blieb hart. Ärztin und Hebamme
diskutierten ob man punktieren solle.
Telefonisch wurde der Oberarzt befragt.
Der entschied dass man dies erst am
nächsten Morgen machen werde.
Tina sagte geh nur ins Theater geh nur
und ich ging. Nach Langnau am Albis.
Wo ich mir die Komödie «Der Floh im Ohr»
zu Gemüte führte.

Als ich um Mitternacht in mich
hineinhorchte warnte eine Stimme: Bleib in
Zürich. Es regnete in Strömen.
Ich übernachtete bei einem Kollegen.
In dieser Zeit kämpfte eure Mama
mit den Schmerzen. Die kann etwas
aushalten glaubt mir!
Um sieben stand ich auf zog mich an
rauchte eine erste Zigarette fuhr zur
Klinik trank Kaffee ass ein Gipfeli und
fuhr in den obersten Stock. Die Tür
war verschlossen. Wieder hinunter mit
dem Lift in den Stock D. «Wie ist ihr
Name?» Dann durfte ich zu Tina die
im Bett lag lächelte und sagte:
Sie sind da.
Um vier Uhr hätten Ärztin und Hebamme
entschieden den Chef zu wecken.
Der traf um halb fünf ein. Da bei dir
Angelina die Herztöne schwächer wurden
entschied der Chef zu operieren.
Man machte einen Kaiserschnitt.
Das heisst so weil vor 2000 Jahren wenn
es darum ging den kaiserlichen Erben
zu retten man den Leib der Mutter
aufschnitt und den Bub herausnahm.
In der Regel starb die Mutter.
Heute kann man das besser.

Dich Angelina schnitt man zuerst heraus.
Du hattest Mühe mit dem Atmen.
Nachdem man dir für kurze Zeit eine
Maske aufgesetzt hatte konntest du es
selber. Du Giulia konntest es sofort.
Nun haben wir zwei Mädchen.
Aus Platzmangel wurdet ihr in die
Kinderklinik verlegt und nach kurzem
Zögern ... ich war hässig auf mich weil
ich wieder einmal den interessantesten
Teil verpasst hatte ... entschied ich
mich euch zu besuchen. Ich besorgte
zwei Plüschtierchen etwas Rotes
Affenähnliches und einen grünen Frosch.
Beide klebte ich mit einem Saugnapf
an eure Behälter. Das hat den Vorteil
dass man euch nicht verwechselt.
Wenn man also nicht ganz sicher ist
kann man sagen Angelina ist der
Affe und Giulia der Frosch.
Ich schaute genau hin. Ganz genau um
genau zu sein. So hatte ich in meinem
Leben erst einmal geschaut. Damals
hatte ich mich getäuscht.
In den Fünfzigerjahren des letzten
Jahrhunderts war in der Unterstadt
von Zofingen eine alte Frau gestorben die
Nachbarin meiner Grossmutter.

Ich durfte mit ins Leichenschauhaus.
Frau Bopp lag hinter Glas in einem
offenen Sarg. Sie sah aus wie ein
uraltes Schneewittchen.
Ihre Tochter Silvia mit Namen schluchzte.
Um sie und mich zu trösten bildete ich
mir ein Frau Bopps Bauch bewege sich
noch und rief laut: Sie lebt!
Ich rief das auch noch als ich schon
lange nichts mehr sah schon lange
nicht mehr glaubte was ich rief:
Sie lebt! Und je lauter ich rief desto
mehr schluchzte die Tochter.
Aber bei euch ist es anders. Da gibt es
keine Zweifel. Ich kann es fast nicht
glauben. Alles dran! Gut ihr hattet
Windeln an alles hab ich nicht gesehen.
Eure Händchen sind so klein dass ihr
meinen Daumen knapp umklammern
könnt. Weich gebettet liegt ihr unter
einem Grill der Wärme spendet. Überall
seid ihr verkabelt. Noch immer seht ihr
aus wie Astronauten. Aber etwas ist
eindeutig: Ihr atmet. Ihr lebt.
Alles Gute zum Geburtstag!

Ikkyû

Besten Dank für die Unterstützung:

 **ZOFINGEN**

Andreas Gaffuri, Rickenbach SO

LAYOUT & KONZEPT *Monika Stampfli-Bucher, Solothurn*
KORREKTORAT *Petra Meyer, Römerswil*
DRUCK *CPI – Ebner & Spiegel Ulm*

1. Auflage, Juni 2016
ISBN 978-3-906311-17-3

Alle Rechte liegen beim Autor und beim Verlag.
Kein Teil des Werks darf in irgendeiner Form ohne Genehmigung der
Herausgeber verwendet werden.

Gedruckt auf umweltfreundlichem FSC-Papier.

www.knapp-verlag.ch

LAYOUT & KONZEPT *Monika Stampfli-Bucher, Solothurn*
KORREKTORAT *Petra Meyer, Römerswil*
DRUCK *CPI – Ebner & Spiegel Ulm*

1. Auflage, Juni 2016
ISBN 978-3-906311-17-3

Alle Rechte liegen beim Autor und beim Verlag.
Kein Teil des Werks darf in irgendeiner Form ohne Genehmigung der
Herausgeber verwendet werden.

Gedruckt auf umweltfreundlichem FSC-Papier.

www.knapp-verlag.ch

Besten Dank für die Unterstützung:

▌▌▌▌▌ **ZOFINGEN**

Andreas Gaffuri, Rickenbach SO

D Frou Bopp isch hinder Glas glägen im
enen offne Sarg. Si het usgseh we nes
urauts Schneewittli.
Eri Tochter Silvia mit Name het gschluchzet.
Zum see und mee z tröschte han i mir
iiböudet de Buuch vo de Frou Bopp bewegi
sich no und ha lut grüeft: Si läbt! I ha das
ou no grüeft won i scho lang nüt me gseh
ha scho lang nümm gloubt ha was i rüefe:
Si läbt! Und je lüter dass i grüeft ha desto
meh het d Tochter gschluchzet.
Aber bi öich isch es anderscht. Do git s ke
Zwifu. I cha s fasch ned gloube. Aus dra!
Guet dir händ Windeli agha aus het me ned
gseh. Öichi Händli sind so chli dass dir mi
Duume knapp chöned grife. Weich bettet
ligge dir under eme Grill wo Wärmi spändet.
Überau sind ir verkablet. No immer gsänd ir
us we Astronaute. Aber öppis isch eidütig:
Dir schnufet. Dir läbet.
Aus Guete zum Geburtstag!

Ikkyû

Dee Angelina het me zerscht usegschnitte.
Hesch Müe gha mit em Schnufe.
Nachdem si dir für churzi Zit e Masken
ufgsetzt händ hesch säuber agfange.
Du Giulia hesch es grad chönne.
Jez hämmir zwöi Meiteli.
Us Platzmangu het men ech i d Chinderklinik
verleit und nach eme churze Zögere ... i bi
hässig gsi uf mi dass i wider mou der
wichtigscht Teil verpasst ha ... han i mi
entschiden ech z bsueche. I ha mir zwöi
Plüschtierli bsorget öppis Rots Affenähnlichs
und e grüene Frosch. Beidi han i mit eme
Sugnapf a öichi Bhäuter kläbt. Das het de
Vorteil dass men ech ned verwächslet.
We men aso ned ganz sicher isch cha me
säge d Angelina isch der Aff und d Giulia
de Frosch.
I ha gnau änegluegt. Ganz gnau zum gnau
z sii. So han i i mim Läbe erscht einisch
gluegt. Denn han i mi tüüscht.
I de Füfzgerjohr vom letschte Johrhundert
isch z Zofigen en auti Frou gstorben i der
Understadt e Nochbere vom Grosi. I ha
mit is Liicheschouhus döfe.

Won i um Mitternacht i mi ineglost ha
het mi e Stimm gwarnet: Blib z Züri.
S het grägnet i Ströme. I ha bin eme
Kolleg übernachtet. I dere Zit het öichi
Mama mit de Schmärze kämpft.
Die cha öppis ushaute gloubed mir!
Am sibni bin i ufgstande ha mi agleit
han en erschti Zigi gröikt und bi zur
Klinik gfahre. Det han es Kafi trunken es
Gipfeli ggässe de bin i oberscht Stock.
D Türe gschlosse. Wider abe mit em Lift
i Stock D. «Wie isch Ire Name?» De han i
zu de Tina döfe. Si isch erschöpft im
Bett gläge het mi aglächlet und gseit:
Si sind do.
Am vieri heige d Ärztin und d Hebammen
entschide de Chef z wecke. Dä sig am
haubi föifi iitroffe. Wöu bi dir Angelina
d Härztön schwächer worde sind het de
Chef entschide z operiere. Me het e
Kaiserschnitt gmacht. Das heisst so wöu
vor zwöitusig Johr wenn s drum gangen
isch de kaiserlich Erbe z rette me de Liib
vo de Mueter ufgschnitten und de Bueb
usegnoo het. I de Reglen isch de d Mueter
gstorbe. Hüt cha me das besser.

Liebige 21. Septämber

Liebschti Angelina! Liebschti Giulia!

Dä Morgen föifinouföif beziehigswis nousächs
händ ir s Liecht vo de Wäut entdeckt en
Operationslampe vom Universitätsspitau z
Züri. Leider bin i ned debi gsi. I bi dümmer
as i ddänkt ha. Öppis gahnt han i scho.
Am Obe vorhär han i d Tina bsuecht im
Spitau mit früscher Wösch im Migrosack
Magnesiumtabletten und eme Kilo blaui
Trube. D Türe vom Q 58 isch offe gstande
was bedütet het d Paziäntin isch wider im
Gebärsaau. S isch Viertu ab sächsi gsi.
D Tina het Chrämpf gha aber de Buuch
isch hert blibe. D Ärztin und d Hebamme
händ diskutiert öb me söu punktiere.
Telefonisch het me der Oberarzt befrogt.
Dä het entschide dass me das erscht am
nöchschte Morge miech. D Tina het gseit
gang nur is Theater gang nur bin i ggange.
Nach Langnau am Albis. Won i mir d
Komödie «Der Floh im Ohr» z Gmüet
gfüert ha.

1977 händ d Amerikaner zwee Rageeten
is Wäutau gschosse: Voyager 1 + 2.
A de Spitze jewils e Sonde. Uf Platte
gritzt wo schimmere we Goud enthaute
si Kläng und Böuder vo der Ärde zum
anderne Inteligänze e Kontakt z ermögliche.
Drunder isch ou es Musigstück vom Johann
Sebastian Bach gspöut vom kanadische
Pianischt Glenn Gould: s Präludium in C-Dur
us em Wohltämperierte Klavier. Es eifachs
Stück. I üebe s sid eme Zitli.

«Los zue jez spil i Klavier.»
«Ned das si verschrecke!»
«Nenei. Leg de Hörer uf e Buuch.»
«Aber lislig!»
I sitzen as Klavier mit stife chaute Finger.
Ghöre dir mi?

Zeig mir s Gsicht
wo d gha hesch
bevor Vater und Mueter
di zügt händ

«Chan i öppis tue?»
«Der Epilady chöntsch mir bringe
wenn d s nöchscht Mou chunsch.»
«Was isch en Epilady?»
«Du weisch doch was en Epilady isch!»
«Zum d Hoor entfärne?»
«Jo.»
«Wo find i dä?»
«Bim Lavabo im Chäschtli i de
drittoberschte Schublade.»

Läbe sig Liide säge d Buddhischte heig
de Buddha erkannt. Di erscht vo den edle
vier Worete. Leider di einzig won i bis jez
verstande ha. Di zwöit heisst: Liiden
entstöch dur s Ahaften a d Wäut.
Di dritt: Wär das Ahafte glöst heig sig
vom Liide befreit.
Di viert Woret schöuderet de Wäg won
e Mönsch söu goh zum d Ursach vom
Liide z löse der achtfach Pfad.

Was isch s Guete?
Guet isch was Liide linderet.
Was isch s Böse?
Bös isch was Liide schafft.

Hiroshima. 6. Ouguscht 1945 eifach ned
vergässe. Zwöihunderttusig Toti: Froue
Chinder Greise. D Flüger sind us Amerika
cho. Das isch feig gsi dumm und rachsüchtig.
Me hätt di Bomben ou usserhaub vo de
Stadt chönnen abwärfe oder mindeschtens
d Mönsche warne vorhär.
S git s Gueten und s Böse we s Hells git
und Dunkus. Oni s Helle gäb s s Dunkle ned.
Oni s Dunkle ned s Helle. De Tag bedingt
d Nacht d Nacht de Tag. Wöu das isch
isch dises.

Telifon mit de Tina.
«Di guet Nachricht: Em Leo goht s besser.
D Operation isch gglückt de Tumor ned i
d Blosen inegwachse de künschtlich
Darmusgang rückgängig gmacht.
Er daf eifach noni ässe.»
«Si chöne scho vöu.
We goht s deer?»
«Sächs Mou händ si gstoche. I ha mi
müesse konzentriere dass i ned um mi
gschlage ha.»
«Du Arms.»
Schwige.

Herrn
Robert Affentranger
Bauverwalter
Gemeindehaus
4805 Brittnau

Brittnau 12. September 2001

Werter Robert,

hier wie besprochen das Baugesuch. Es geht
A) um eine Umgestaltung der Räume
«Küche» und «Wohnen» in einen Raum,
B) um den Einbau von zwei Fenstern auf der Ostseite,
C) um das Errichten eines Windfangs (Glas)
vor der Haustüre.
Ich bitte Dich, das Gesuch wohlwollend zu prüfen.

Mit freundlichen Grüssen

Nachtrag: De Bush isch ned de Guet de
Bin Laden de Bös. Jez wüsse wider aui
wo Gott hocket: Eritis sicut Deus scientes
bonum et malum. Guet und bös git s
aber ned as feschti Grössine wo me
sött umeplagiere demit.

21 h 32 europäischi Zit

Bi i de Stube gsässe z Liebige won i
immer no sitze jez am Computer.
I ha s Bougsuech usgföut mit eme blaue
Chuguschriber: Umbou vom Büro zum
Chinderzimmer vo de Chuchi zu dem
grosse helle Ruum wo mir tröime devo
mit Fäischter gäg Oschte.
Ha längi Zit gha nach de Tina do lütet
si a und seit: Sig froh dass d ke Färnseh
meh hesch. Attentat in Amerika.
Tusigi vo Toti. Manhattan evakuiert.
D Böuder würde zwee Türm zeigen und
es Flugzüg wo i eine vo beidnen ineflügi.
We ne Trickfilm gsäch s us Stichflamme
und de nur no Stoub und Äsche.
S Schlimmschte sige d Böuder vo de
Mönsche wo sich us de brönnende
Gebäude liesse lo gheie drühundert
Meter i d Töifi we Bäbi.

Giulia. Angelina. Ach mini Liebe.
Pressieret ned z fescht. S Bougsuech
verschieb i uf morn. Guet Nacht
dir drü.

Accra isch d Houptstadt vo Ghana und liit
noch bim Äquator. Det han i es wisses
Chleid agha us Bouele mit schwarzen
Ornamänt. Aber das daf i ned alegge d
Tina het s sträng verbote. So loufsch du
mir ned z Züri ume! het si gschumpfe.
«Wiso ned?»
«I wott mi ned müesse schäme für di.»
«Für mee muess sich niemer schäme!»
Ke Chance. Und schliessli wott i de Tina gfaue.
Und ned numen iren öich ou. Dir söled mou
e schöne Papa ha en auten aber e schöne.
Angelina und Giulia: was für tolli Näme!
* I fröje mi uf öich das gloube dir ned.
Was söl i numen alegge! I goh go Tennis spile.
Nachhär fahr i Zug. Und Tram. De gohn i
d Tina go umarme. I küsse si uf e Buuch.
Drunder gspür i öichi Chöpfli. Angelina.
Ängeli. Änneli. Giulia. Julchen. Schüggeli
…jez aber allez hopp ab i d Wanne!

Oh when the Saints go marching in
oh when the saints go marching in
oh Lord I want to be in that number
when the saints …

Mister Afrika

Ahnte nicht? Der brave Mann ahnte nicht?
Was für nen arrogante Schofsecku! E Buur
wo au zwee Wuchen e Chüngu metzget
weiss me über e Tod as so ne Philosoph
wo denäbe stoht d Händ im Sack und de
Lüüt d Würm zu de Nasen uszieht.
Eine we de Heinz ahnt ned dä weiss.

Afang Septämber

Kleider machen Leute. Sich alegge mini
Lieben isch e grossi Kunscht. Öichi Mama
isch do duren e Meischteri. Vo ire han i
glehrt dass me bevor me früschi Chleider
aleit zerscht söu duschen oder bade.
I bade lieber wöu i gärn singen i de
Badwanne. Was men aleit hanget mit
em Wätter zämen und mit dem was me
vorhet. I goh go Tennis spile denn zu
de Tina is Spitau und z Oben an es
Fescht mit de Lizzy Hammond. Stöued
ech e Frou vor schwarz we d Nacht und
es Härz wen e Sunne. Trommleri Sängeri
Tänzeri. Die Lizzy wo eri Orglen im Stall
druf wartet dass si nach Accra spediert
wird as Prunkstück für d Chile.

S goht uf de Wäut gar arig zue
I ha s scho mängisch gseh
Dass d Lüüt wäg dem verfluechte Gäud
Enand tüend schüli weh
We schon chönt s doch do unde sii
De Vogu uf em Boum
Er singt chum lueg das Ländli a
Di Schwiz isch doch e Troum

Aus isch e Troum goht mir dure Chopf
ned nume d Schwiz. Di ganz Wäut!
«Mir hätte de non es Wiegeli gäu» seit
de Heinz nachdem s Lied fertig isch.
«Gieng das ou für Zwilling?» frog i.
«Jä jo» seit d Lisbeth und de Heinz:
«Am Afang sicher.»

Spicheren under

En andere Philosoph der E. M. Cioran
schöuderet es Begräbnis i de Normandie.
Er frogt e Buur wo de Lichezug vo Witem
aluegt nach Einzuheite.
«Er war noch jung kaum sechzig. Man hat
ihn tot im Freien gefunden. Was wollen Sie
... so ist es ... so ist es ... so ist es ...»
Dieser Kehrreim, der mir im Augenblick
grotesk vorkam, ist mir später nachgegangen.
Der brave Mann ahnte nicht, dass er vom
Tod alles sagte, was man von ihm sagen
kann, und alles, was man von ihm weiss.

«I ha ghört am Färnseh» seit de Heinz
«vo Vierling z Lozärn die het men im
sächste Monet ggnoo die si knapp es Kilo
gsi u hei überläbt.» D Lisbeth nickt dezue.
De Heinz und d Lisbeth sind öisi Nochbere.
Är isch e chnorige Maa mit verwärchete
Händ. Vierzg Johr het er i de Fabrik
gschaffet immer bbuuret näbebi und see
het ghoufe. Di beide wohnen oben am
Waudrand und fröje sich uf öich.
Hüt sind si nach de Chile verbi cho
und händ sich erkundiget.
«Mir si ned wäge dem cho» seit d Lisbeth
won i si frogen öb si öppis mögte trinke.
Mir mache trotzdem es Gütterli uf und
prosten uf öichi Gsundheit. Chli spöter
sing i es Lied. De Heinz lost zue und
schmunzlet. D Lisbeth summt mit.
S Lied goht eso:

I bi de Schacher Seppeli
im ganze Land bekannt
Bi früener s flöttischt Pürschtli gsi
hüt bin e Vagant
Bi zfride wenn i z Nacht chli Strou
am Tag mis Jointli ha
und wenn de Herrgott Gsundheit schänkt
s isch aus was' brucht jojo

Abwäsche zum Bispeeu pfui Töifu! Chabis.
S warme Wasser uf de Händ di intressant
Form vo jedem Bsteck e Gablen es Mässer
e söuberigs Löffeli! I wäsche gärn ab.
Und wenn i mit heiss Wasser abgwäsche
ha gohn i wider as Klavier mit warme
schnäue Finger. Wänn d ir e guete Rot
vo mir? Ned?
De blosed mir i d Schue.

Papa

28. Wuche

Durehaute mini Liebe. Mit jeder Wuche
stigen öichi Chance. Vierzg Wuchen isch
di durchschnittlich Zit wo ne Homo sapiens
nach de Zügig im Liib vo de Mueter verbringt
bis er s erscht Mou brüelet.
Im Tessin hämmir e Familie troffe mit zwöi
Chind. S Meitli isch achti und spöut us em
Wohltemperierte Klavier. Uswändig. Nach
em Ghör. De Bueb het e Geburtsschaden
isch füfzähni cha ned rede und spöut mit
Bäbeli. Vierzg Wuche. Mir sind mit
weniger zfriden aber bitte:
Warted no chli.

Es chönte d Niere sii seit der Ultraschaller
d Niere vo de Chind. Warschinli sind s
Eieijgi wöu si s gliche Problem händ.
Si scheide z vöu us. Jez wird s Fruchtwasser
genetisch abklärt. D Tina het scho immer
zwöi Sache gwüsst. Erschtens: Wenn i mou
es Chind wott wott i eis Abtribig chunt ned
i Frog. Zwöitens: Mir nänd a was chunt.
Mir nänd ou es Tubeli ohni z reklamiere.
Dir chöned cho wenn dir wänd aber i roten
ech: Wartet no chli.
No einisch zur Sach mit em Glück.
De Schopenhauer seit: Es wär besser ned
gebore z sii. Das het vöu für sich. Andrersits:
Wenn er ned gebore worde wär hätt er dä
Satz ned chönne säge. Er seit ou nöime:
Das Leben ist ein Pensum zum Abarbeiten.
Er het rächt. I wott ned widerspräche.
Aber wär clever isch schaffet gärn.
Abarbeiten? Gärn schaffen isch Glück.
Das üeb i.

Bi Aarwange hämmir de Fiat abgstöut.
Es isch scho sibni gsi underdessen e
warme goudigen Ouguschtobe. Uf de
Fäuder händ d Buure d Gärschten iigfahre.
Mir sind der Aaren noo wo irgendnöime
gruuscht het dur s Gebüsch: Do! D Insle.
Mir sind überegwatet: Wöudnis. Rundume
Wasser e Füürstöu e chline Sandstrand.
Z ässe het s Chips ggää Servela und
Gummibärli z trinken iisküeute Trubesaft
und mir händ gläbt we im Paradies.
Warschinli sogar chli luxuriöser.
Zrugg zu öich. Angelina! Giulia! Mini
chline Meiteli. Passet uf dir sind z chlii!
Blibet dinn. Bitte. Geschter het me de
Tina drü Liter Fruchtwasser abzapft
de händ d Chrämpf so heftig iigsetzt
dass me si mit eme Cocktail het müesse
lo ischlofe. E zwöiti Ration het s ggää für
d Nacht. Mir händ dä Morge zäme
telifoniert nume dass dir wüssed um
was es goht. Aso. D Punktion isch guet
gange. Das isch di positiv Nachricht.
Aber d Tina het zvöu Fruchtwasser.

23. Ouguscht

Hallo mini Liebe!

Werum händ die mee gmacht? han i mi vou
Verzwiflig di längscht Zit vo mim Läbe gfrogt.
I ha ned gärn gläbt. D Öutere han i mi ned
getrout z froge si hätte mir uswichendi
Antworte ggää. I bi ned glücklich gsi denn.
I bi sehr unglücklich gsi! Das het öppen i
de Zit agfange wo me Pubertät seit und het
ufghört a mim vierzgischte Geburtstag.
Sid denn bin i glücklich. Werum? Wöu s
s Schlöuschten isch was me cha sii.
Mit em Julius bin i aschliessend uf Liebige
gfahre wo mir überleit händ was mir aues
bruche: Schlofsack Muggemittu zwee
Madratze. Denn isch es witergange nach
Aarwange. Nei i bi ned trurig han i zun em
gseit i mache mir Sorge. Aber du hesch
rächt das höuft nüt. Mir händ e CD
inegschoppet d Filmmusig zu Easy Rider
und händ d Fäischter abegloo.
De warm Summerwind het is i d Ohre
blosen und dur nis dure. Gsunge
hämmir: Born to be wild.

«Die unaufhörlichen Bemühungen, das Leiden
zu verbannen, leisten nichts weiter, als dass
es seine Gestalt verändert. Diese ist
ursprünglich Mangel, Not, Sorge um die
Erhaltung des Lebens. Ist es, was sehr
schwer hält, geglückt, den Schmerz in dieser
Gestalt zu verdrängen, so stellt er sogleich
sich in tausend andern ein, abwechselnd
nach Alter und Umständen
– als Geschlechtstrieb, leidenschaftliche
Liebe, Eifersucht, Neid, Hass, Angst,
Ehrgeiz, Geldgeiz, Krankheit usw. usw.
Kann er endlich in keiner andern Gestalt
Eingang finden, so kommt er im traurigen,
grauen Gewand des Überdrusses und der
Langeweile, gegen welche dann mancherlei
versucht wird. Gelingt es endlich, diese zu
verscheuchen, so wird es schwerlich
geschehen, ohne dabei den Schmerz in
einer der vorherigen Gestalten wieder
einzulassen und so den Tanz von
vorne zu beginnen.»
W l, 432

Äch es isch zum Chotze. Es het doch aus
ke Sinn. Es chotzt mi aues a!
De Schopehauer inbegriffe.

Nach eme Zitli heisst s mir söle sofort ufen
i d Gebärabteilig. Obe warten en Ärztin
und der Oberarzt mit ärnschte Gsichter.
Si heige sofort müesse handle und heige
d Tina uf Züri verleit is Universitätsspitau.
«Was?»
«Mit Blauliecht.»
«Wiso?»
Det würde d Medikamänt höcher dosiert.
«Isch das det won e goldige
Mannsgöggel devor staht?»
frogt de Julius. Genau.
Mir sofort wider zrugg nach Züri tatü tata.
D Tina liit im enen Einzuzimmer.
Si isch verkablet und het matti Ouge.
D Wehe chrampfen ire Körper zäme i
unberächebare Wäue. Me gseht uf eme
Monitor we öichi Härzli pumpe. Immer
wider zable dir und wänd use. Wiso?
Verträge dir s Cortison ned won ech d
Lunge blääit? Gedoud säg i zu de Tina
säg i öich das säg i meer. Und jez?
Dir gönd jez go baden i d Aaren und
mached ech e schöne Tag seit d Tina
di Tapferscht vo de Tapfere.

Spicheren under: Zwillinge.doc

Mändig 13. Ouguscht

De Julius isch en öufjährige Bueb mit Pfusibagge
de Sohn von ere Fründin. De Vater kennt er nur
vom Ghöresäge. Mängisch bsuecht er mi
z Liebige. Er het Summerferie und isch eigentli
en Indianer.
Für hüt hämmir plant i der Aare go schwimme
und uf eren Insle übernachte. Am nüni bin i
mit em z Züri verabredet. Früe ufgstanden
am haubi achti wäggfahre. Normalerwis het
men uf Züri drü Viertstund do grot i scho z
Länzburg in e Stou das gloubt mir kene en
Umfau im Schrittämpo bis zum Baregg.
Won i am Kantonspitau Bade verbistotteren
isch s scho föif vor nüni. I zögeren e
Sekunden und bliiben uf der Outobahn.
De Julius erwartet mi ungedoudig.
Was mache mir? Sofort zu de Tina is Spitau!
Mir bloche zrugg nach Baden und wetze
zum Empfang: Wo lit d Frou Höufiker?
«Wa für ne Frou Höufiker?»
«Tina Höufiker.»
«Wenn isch die igliferet worde?»
«Geschter z Obe!»
«Die isch usträte.»
«Usträte? Wo äne usträte?»

Samschtig 11. Ouguscht

Uf de Rückfahrt tanke mir in Bellinzona.
Zigi und Zitige kouft. Notiz im
Tagesazeiger:

*Badeunfall. Eine 18-jährige Deut-
sche ist am Freitag beim Baden in
der Maggia in der Nähe von Ponte
Brolla ertrunken. Die junge Frau
war beim Schwimmen in einem
natürlichen Pool von der Strö-
mung mitgerissen worden.*

Sundig 12. Ouguscht

Eleige z Liebige nume widerwöuig de
PC agloo: Sind ir wahnsinnig worde!?
Ufhören aber subito! Föifezwänzgischti
Wuchen isch vöu z früe! Dir chöned noni
schnufe! Aus wär fertig aber d Lunge!
Höred uf zable! Was söl i nume mache?
D Tina im Spitau me stöut si ruig mit
irgendeme Gift wo d Kontraktione
dämpft s goht gäge Mitternacht
was mach i nume!

S andere heisst Giulia Chandrika.
Du heissisch Giulia zu Ehre von ere früe
a Chräbs verstorbne Tante. Öichi Mama
het si pflegt bis i di letscht Sekunde.
Wenn di öpper frogt wiso dass d ou no
Chandrika heissisch seisch dass i cha
wähle. I ha zwee Vätere. Eine chunt us
Kathmandu und heisst Krishna. Chandrika
bedütet: söubrige Moon.
Honigfarbe. Was heisst honigfarbe?
S git helle Fäud- und Wiesen- und dunkle
Tannehonig. Honigfarbe? Won i d Tina
verloo ha isch si uf em Bett gsässe ...
zwöi Chüssi im Rüggen und het gläse.
Warschinli liit si jez und lost i Buuch ine.
Dir trommlet und trablet. Ned so wöud
mini Liebe! Mir fröjen is uf öich.
I de Maggia kenn i e Stöu det gömmir
umbedingt mou äne. Sandstrand.
Klars aber chauts Wasser.
Über d Brugg dröhnt de Verchehr.
Unde gurglet de Fluss zwüsche runde
Föuse dure. En Ambulanz jaulet dezue.
Passante blibe stoh und gaffe. De Himu
isch von eme helle Hellblau es goudigs
Wöukli we dranäne tupft.

L'orrido

Stammgascht ... nei aber eine wo immer
wider chunt. D Osteria all orrido lit a der
aute Steibrugg vo Ponte Brolla. Rächts
zwigt d Stross ab is Maggiataau und linggs
is Taau vo de hundert Täler. Vom Garte
het men e gueti Sicht aben i d Schlucht.
D Wirti sibezgi onduliert het am Läbe
ned nur gnippt. Si kennt d Abstürz und
d Besüfnis ... di verzwifleten und di selige.
A de Theke hanget e Dicke wo röikt vor
emen Einerli Wisse. Er het Milidärhosen
a und es T-shirt mit Muschter wo a
Henri Matisse erinnere.
I bstöuen es Coci mit Iis.
Abwächsligswis tuen i chli trinke chli
röike chli dänke ... und de schrib i mit
em Bleistift in es Notizbüechli was i
dänkt ha. I dänken a öich.
Stöued ech vor dir händ Nämen übercho!
Wunderschöni Näme find i.
S einte heisst ab sofort Angelina Kumari.
Angelina heissisch zu Ehre vo dineren
Urgrosmueter. Wenn di öpper frogt wiso
dass d ou no Kumari heissisch seisch
dass i cha wähle. I ha zwöi Vätere ...
eine chunt us Kathmandu und heisst
Krishna. Kumari isch de Name von
ere nepalesische Göttin.

Donnschtig 9. Ouguscht

Am 11h 59 de Radiomaa abghout am
Bahnhof z Locarno. Im Albergo Risotto
ggässe de bescht i de Gägend. S Rezäpt
stammt vom Signore Pozzi em Ehemaa
vo de schnouzbärtige Emilia wo as Chind
z Örliken ufgwachsen isch und hüt no
Wörter brucht we d Zürcher i de Filme
vom Kurt Früh: «Schabe» zum Bispeeu
für hübschi Frou.
Zrugg zum Risotto. Dä ernährt hüt di ganz
Familie Pozzi inklusive es haubs Dotzen
Agstöuti. S Lokal isch immer usverchouft
wöu au di Filmfritzen und Franzen und
Fratzen und Frätzli vo dem Risotto ghört
händ und ne mindeschtens einisch wänd
ggässe ha. Wär ne ggässe het wott ne wider
ässe. De Riis und d Steipöuz stammen us
de Gägend. D Pointen isch de Gorgonzola
wo me drunder zieht. Cremig chunt er
dehär und ou de Radiomaa säuber
Risottochoch wen er betüret gniesst.
D Tina isst mit goht aber baud zrugg
is Zimmer. Si füeut sich schwär und müed.

Liebigen 1. Ouguscht

De Buddha wo mir öichi Cousine mitbrocht
het us Irrland säuber modelliert perfekti
Hautig han i uf e Pingpongtisch gstöut.
De han i es Röicherstäbli azündt ha mi
verböigt and Clara did the same as me.
Es isch e süttig heisse Tag gsi und e
suuri Arbet quasi im Schweisse meines
Angesichts. Ha aus verbrönnt was i i de
letschte Johr gschribe ha. Aus usser
«Chesterfield».

Mändig 5. Ouguscht

Wider nach Locarno das mou as Festival
mit de Tina. Im Outo ohni Stou bis Ponte
Brolla. Albergo Centovalli: Zwee Palme
zieren e roseroti Huusfassade zouberhaft
isch s Zimmer Nr. 9. Grüeni Fäischterläde
es zuegmuurets Chömi und es Doppubett.
Mir gniesse sogar s Uspacke vo de Täsche.
Was louft hüt uf de Piazza ... Kino? Ehner
ned für d Tina isch Erholig agseit.

S isch jo ehner e chrummi schartigi
säbuartigi Sagi aber i säge so gärn:
Fuchsschwanz. Was isch das für nen
Ascht? S isch der Ascht wo d Leitere
dra lähnet. Hm. Linggs oder rächts?
De Stamm isch linggs der Ascht isch
rächts vo de Leitere won er immer
dünner wird aber präglet vou mit rife
Chriesi i sage sage plumps:
Er lit im Fäud.
Es Outo hupet aha s Molers. Für dee
säg i zu de Myrtha so chasch si am
Bode pflücken und mir erinneren is
a d Zit won i no Kadett gsi bi z Zofigen
i de Chinderarmee. Det hämmir d
Gfächtspouse gnutzt zum d Chriesi
im Ligge z ässe.
De Leo het di erschte Bestrahlige hinder
sich. Mir röiken und bewundere d Höchi
vom Hamf. Er wachst chräftig und im
en eigete Hag won i gäge d Schnägge
bout ha woruf de Maxli dänkt het das
isch jez mis WC. Was aber de Pflanze
meh nützi as schadi het de Leo gmeint.
E schöni Ärnte. D Männli rupfe mir us.
D Wibli lömmir lo läbe.

Chum mir wei go Chrieseli günne
Weiss amen Ort gar grüseli vöu
Roti schwarzi gibeligääli
Zwöi bis drü am en einzige Steeu
Falleri fallera falleri falleraa
Zwöi bis drü am en einzige Steeu

Ou! Das sind schöni! Die do usse! Z wit
wäg. Häckerli. So das isch jo mindeschtens
es haub Pfund. De Schweiss tropft mir vo
den Ougebraue. Sss! Was isch das?
Ssssss! Fort mit dir du Untier! Do obe
sind no nes paar ganz schöni. Falleri
falleraa! I mues mi andersch änestöue.
Do! Ganz obe. Zwöi bis drü? Föif bis
sibe! A eim Steeu. Dur d Blätter blinkt de
Himu. Do het s no ... do und do ... falleri
fallera ... ufpasse! Nix falleri fallera!
Wach sii ou bim Singe. Die nümme!
Wenn si no so locke lüüchte: Falleri
fallera bi dem Lied mues men ufpasse!
Plötzli lit men am Fuess vo de Leitere
wiss vor Schock und macht ke Muggs
meh. We me Glück het finden eim
s Rüdisülis und telefonieren am Dokter.
Und de? Tatü tata und ab nach Nottwil.
Fuchschwanz! E klare Fall für e
Fuchsschwanz.

Me cha sägen über mi was me wott
aber as Chriesigumpfichoch bin i
Wäutklass. Einsami. Mitcho! Lueged
i ha Tennisschue a. Gueti Schue isch
wichtig dass me ned usgschlipft.
D Leitere stöu i is Gras zieh si uus
und lähne si an e dicken Ascht.
Was heisst dick? Armdick mues er
sii mindeschtens. Mii Arm ned öichi
Ärmli! Das sind Muskle he?
Jez chläder i ufe gönd e bitz uf d Siite
do unde! Oder no besser: Hebed
d Leitere! Linggs eis und rächts eis!
Gsänd ir mi no? I binde si jez am
Boum a mit em zwöite Gurt dem dünne
wisse. Achtung i chume wider abe.
Gänd mir s Häckerli und de
Fuchsschwanz. Auf gehts. Ghöre
dir mi no? I bi do oben im Boum!
Wo sind ir plötzlich? Wiso luegt niemer
zue? Immer wenn i öppis würkli guet
cha luegt niemer zue. Chriesigünnen
isch ned eifach! Es git sogar es
Lied drüber.

Was bruche mir no? E Leitere!
Hinder em Huus under em Vordach.
Mitcho allez hopp. Do. Relativ neu us
Aluminium. Isch das e Dräck uf dem
Pingpongtisch de Määjer sött men is
Autiise gää was no? S Häckerli! Mit dem
jätet men i de Regle s Uchruut aber me
cha s ou zum günne bruche. Was no?
Fuchsschwanz! Dä bruche numen ii e
richtige Buur brucht so öppis ned aber
i han e Trick erklär i spöter de Chorb!
Wo isch de Chorb? Im Stau mues dä sii
irgendnöime hinder der Hammond-Orgele
vo de Lizzy Himuarsch isch das e Grümpu
do in Chorb wo bisch? Und d Orgele
mues uf Afrika do!
Abstoube. Zwee Gürt. Mit em einte bind
i mir de Chorb um e Buuch. So. Guet
verschloufe. Wiso verzöu i das eigentli?
Händ ir überhoupt gärn Chriesigumpfi?
Aber natürli jedes Chind het das gärn.
Und ii bi das säg i ned zum Blöffe ganz
e hervorragende Chriesigumpfichoch.
Das seit sogar d Tina.

Meer passiert nie öppis wöu i ufpasse.
Aber lueged gnau zue we me s macht
dass er das spöter mou chönet.
I erkläre s richtig aber ned zwöi Mou.
Ohren uf! Ouge spitze!
Zerscht goht me zum Boum und luegt
nen a. Di schönschte Chriesi hange
natürli wider mou z oberscht. Oder z
usserscht. Me strupft es paari ab wo
men us em Stand cha grife. Do eis
für dee. Und eis für dee. De Stei mues
men usespöize! Süess hm? Säged
mou we heisse dir eigentli?
‹Njamjam›
Njamjam isch ke Name! Me mampft aso
und dänkt noo. Am beschte natürli ned
gliichzitig sondern nachenand. Zerscht
mampfe nachhär dänke. Okay? Han i aus?
Was wott i eigentli? Wiso bin i uf de Wäut
die Frog hämmir scho gha das wüsse mir
ned aber: Chriesigumpfi zum Bispeeu isch
öppis ganz Feins. Vor auem zum Zmorge
mit ere früsche Züpfe. Mir machen aso e
Chriesigumpfi. Was bruche mir dezue?
E Chriesiboum. Hämmir. Dä han i vor
öppe füfzäh Johr pflanzet mit Höuf vo mim
Vater. I ha nem Vati gseit. Deer döfed mir
Papa säge. Papa isch iteliänisch und
heisst Pabscht.

Samschtig 16. Juli

Z Liebige stoht e Chriesiboum.
Usserhaub vom Buechehag d Zwiig hange
bis is Fäud vo s Rüdisülis. D Sunne dringt
duren und di füechte Gräser fönd a dampfe.
De Boum treit we jede Summer es paar
Dotze Kilo roti Härzchriesi.
Chriesi günnen isch gföhrlich mini Liebe.
Vom ene Boum abegheie isch s Dümmscht
was cha passiere. Mir stamme vo Wäsen ab
wo uf Böim umekläderet sind wüsse
dir das? Z Afrika. Long time ago! Mir chöne s
immer no aber nümm so guet.
Zerscht müend ir lehre schnufe Schoppe
nuggelen und is Häfi gagge. Wenn dir
chöned loufe döfe dir afo chläderen üebe.
Aber am Afang nume wenn öpper debi
isch! Chläderen isch gföhrlich. We mänge
Buur wo gmeint het er chönn s isch vom
Boum abegheit und het sich de Rügge
kabutt gmacht! Lahm. Im Roustueu.
Läbeslänglich! Voukswirtschaftlich isch di
ganz Chriesigünnerei sowiso e Hafechäs
wöu d Chöschte für Paraplegiker wo ab
de Böim gheit sind d Gsamtiinahme vo
der Ärnti bi Witem überschrite.
I bin e guete Chrieser.

bo dai sat ta e han nya ha ra mi ta
ko shin mu kei ge mu kei ge ko mu u
ku fu on ri is sai tendo mu so ku gyo
ne han
san te sho butsu e han nya ha ra
mi ta ko toku a noku ta ra san myaku
sam bo dai ko chi han nya ha ra mi ta
ze dai jin sho ze dai myo shu ze mu
jo shu ze mu to do shu no is sai ku
shin jitsu fu ko ko setsau han nya ha ra
mi ta sho soku setsu shu watsu gya tei
gya tei ha ra gya tei ha ra so gya tei
boji sa wa ka
han nya shin gyo

Aus klar? S Härzsutra.
Übersetzig gfällig?
Jo chöned dänke.
Uswändig lehre de rede mir drüber.

Am letschte Nomittag zum Wasserfau
ufekläderet türggis het s blinkt
s schneeküeute Wasser. Füdliblutt uf
eme Stei gläge. Hümbeeri pflückt und
ggässe. S Huus putzt. De Schlüssu
zruggbrocht.

Juli

S wird mir aues e chli vöu. Ich fahre mit em
Velo uf Zofige der Intercity hautet z Bellinzona
ab Locarno goht s obsi is Taau vo de hundert
Täler. Stöued e Waud vor: Tanne und
Cheschteneböim. Nach ere Haubschtund
steil de Bärg doruf chunt d Liechtig und
zmitzt drinin es Steihuus. Zwöihundertjährig.
Es Dach us schwäre Schieferplatte.
Elektrisch git s ned. Jez heisst s Wasser
schleppe Füürli mache butze.

Maka Hannya Haramita Shingyo

kan ji zai bo satsu gyo jin han nya ha ra
mi ta ji sho ken go on kai ku do is sai
ku yaku
sha ri shi shiki fu i ku ku fu i shiki shiki
soku ze ku ku soku ze shiki ju so gyo
shiki yaku bu nyo ze
sha ri shi ze sho ho ku so fu sho fu metsu
fu ku fu jo fu zo fu gen ze ko ku chu mu
shiki mu ju so gyo shiki mu gen ni bi ze
shin i mu shiki sho ko mi soku ho mu gen
kai nai shi mu i shiki kai mu mu myo yaku
mu mu myo jin nai shi mu ro shi yaku mu
mu ro shi jin mu ku shu metsu do mu chi
yaku mu toku i mu sho to ku ko

Mini einsam Flöte tönt so bitter
dass es weh tuet
Verschtoht de wenigschtens a de Chrüzige
vo de Houptstadt öpper mini Musig
I de Zen-Schueu het der Ikkyû
wärli weni Fründe

Sunndig

Buurezmorgen uf em Tennisplatz. Röschti
mit Späck Spieguei und Mortadella dezue
Möuchkafi: Do äne het s ech verschlage
mini Liebschte. Mir sind Söilifrässer.
Cordon bleu Landjäger Vitello tonnato:
Das aues het mou Muh gmacht oder Mäh
oder ggrunzet. Eifach ned vergässe.
Was isst me det wo dir härchömed?
Göut det ou s Gsetz vom Frässen und
Gfrässewärde? Isch das überau so?
Wele Planet isch de brutauscht?
Wiso isch de Mönsch wen er isch?
Isch er was er isch oder isch er was er isst?
Chönt mir das bitte öpper erkläre!

D Tina isch e schöni Frou. Dä Morgen
isch si zue mir is Bett gschliche. De het
si gseit: Feschter feschter und plötzli:
Au ned so fescht und i bi wider mou de
Lööli gsi. Iichoufen im Coop und im
Migros wöu ... gwüssi Sache git s nur im
Coop und anderi im Migros. Aschinend.
Wobii i finde s git i beidnen aues jedefaus
gnue zum guet Überläbe. Aber im Coop
git s di bessere Joghurt.

Mändig 9. Juli

Afang vom Tenniskurs J+S. Ha mit de
Jasmin de Tochter vo s Rüdisülis e Deal
gmacht: Wenn d ned umemuulisch und
di iisetzisch im Training röik i defür ned
uf em Tennisplatz zwüschem nüni und
em drü. Do dra han i mi ghaute. Aber
sofort nach em Training han i es Päckli
Barclay kouft ha deheimen e Joint dräit
Klavier güebt und witer übersetzt.
Es schöns Stück es macht de Lüüt Fröid
und wenn i mou nümm bi händ ir zäh
Prozänt vo der Obekasse. Alles klar?

Papa

Samschtig 7. Juli

Und wider seicht s z Liebige. Geschter
isch es no so heiss gsi tüppigschön!
Mir gfaut das eben i ha gärn
Summer!

Us de Sicht vom e Dichter
Isch das e truurigen Obe
Zäh Johr Räge
In eren einzigen einsame Nacht

Öpedie es Gwitter aber denn bitte wider
warmi Tage! Tennistage Baditage bitte
Petrus bitte! De Petrus ... Töchtere d
Ohre spitze! isch i de Mythologie vom
chrischtlich prägten Europäer de
zueständig Gott für s Wätter. Me seit em
hüt ou Chachelimaa oder Wätterfrosch
oder wenn s e Göttin isch wo s Wätter
am Böudschirm verkündet: Wätterfee.
Wätterfee isch e schöne Bruef grad für
Meitli. I kenne de Programmdiräkter
vo früener vilicht lot sich do öppis lo
mischle.

47

Dasch geschter gsi. Ha de chli vöu Rioja
gmischt mit Malaga gsüfflet. Im Zug am
23 h 04 isch mir ned ufgfaue dass er z
Oute ned hautet am haubi eis z Nacht
bin i z Bärn gsi. D Luft lauwarm.
Es Hotel het mir ned abroocht gschune.
So bin i dur ne lääri Autstadt torklet wo
mi tagsüber nie so mittuauterlich agstaret
het abe zum Bäregrabe det uf eme Wägli
der Aare noo won i abghocket bi ... de
Voumoon agaffet und witer pafft ha bis
am drü ... druf wider zrugg a Bahnhof.
Am 04 h 33 isch der erscht Zug uf
Schummertau gfahre det het mis Velo
gwartet am sächsi bin i im Näscht gsi.
Hüt am Morge säubschtverständlich.
De Satz «Das isch geschter gsi» göut
ned für di ganz Gschicht. Merke dir won
er ned stimmt? Hallo! Hauduliduu?
Dir händ ech versteckt i weiss ou wo!
Dir stecked z Willisou im Buuch vo de
Tina s goht ire ned guet aso höred
uf gingge!

Irri Wouke

Am Horizont de Jura vom Wäutsche bis
nach Bade. Me het der Idruck vom e Bogen
und gloubt z begrife dass d Ärde rund isch.
Öppe wen en Öpfu. Dasch haut wider so
ne Vergleech we dä mit em Moon und em
Pfirsich. Wenn de Moon e rosa Pfirsich wär
wär d Ärden e reesigi blaui Wassermelone.
Mindeschtens!
Nochtrag: D oben uf em Hügu het d Tina
gseit dass si öppe tröimi s sig Astronautin.
Das heb si scho as Chind tröimt.
Kunschtstück sind ir öich begegnet.

So long!

5. Juli. Fritig wenn i mi ned irre. I irre mi
ned. I irre mi nie. I irren immer. Bsuech
im Rietbärgmuseum z Züri ... luegt mi e
Japaner a us eme Böud use: Ikkyû Sôjun
(1394 – 1481). Zen-Mönch. Dichter.
En öutere Herr wo chli resigniert driluegt
mit stobblige graue Hoor. S Profil zeigt
nach rächts de skeptisch Blick nach linggs
... won i ou immer stoh im Ruum luegt er
mi a. Who the hell is Ikkyû?
Was wott dä vo mir?

Eis ginggt scho mit de Bei.
D Tina schaffet immer no. Im Dienscht
het si e Piepser. Wenn de d Ambulanz
losfräset wäg irgend eme Härzinfarkt
im Lozärner Hinderland mues si mit.
Und deer ou. Tatü tata! Fescht hebe!
Und dass mir dä pränatal Stress mou
spöter ke Usred isch wenn dir i de
Pubertät aus e Seich findet! S isch
aus nur es Speeu. Lueget s Läben
as es Speeu a das höuft.
Apropos luege: Dir sind no blind.
Dir müend ned säuber luege d Mama
luegt für öich. Lose taschte schmöcke
chöne dir scho. Mu gen ni bi ze shin i.
Uf em Hügu wo dir einisch abeschlittlet
blibe mir stoh. Mir luege de Jura a de
Himu mit de rote Schleergge de dunku
Waud d Geometrie vo de Fäuder.
Det und lit öises Hüsli: Liebige.
Me gseht s ned hinder au dene Böim:
Em Nussboum em Chriesiboum de
Linde em Buechehag … nume we me
weiss dass det es Huus isch cha me s
erahne.

Und we jedi töif Woret e Lüüg.
Es git e Wäut wo de Tod ned kennt ...
e Ton wo nocheklingt ... wenn i a
d Goudbärg-Variatione dänke ...
a di föifezwänzgischt ...

spichere

2./3. Juli: Übersetzig vom Stück «Chesterfield»
uf Änglisch. I wett dass das irgendeinisch z
London gspöut wird am liebschte so lang i no
läbe. I cha mir guet vorstöue im Roustueu z
sitze ganz de gfiret Dramatiker im Royal Court
mittleri Loge flanggiert vo zwöi junge Froue
mit Mandelouge wo für mi luege.
Liebevoll. Am liebschte. Dir schänked mir
so vöu Zit.

4. Juli

Dir händ s verrote: Dir sind Meitli!
Zwänzg Wuche sind ir aut.
Mit de Tina bin i em Moon entgägegange
fasch hätt i gseit gwandlet aber mir händ
glaferet dezue. We ne roserote Pfirsich
isch er hinder de Hochspannigsleitig über
em Hügu ghanget. Es Zitli isch de Maxli
hindehär trottet mit em Schwanz gäg ufe.
Mir sind langsam gloffe wöu d Tina treit
jez schwär a öich.

D Clara mini Lieben isch e zuekümftigi
Cousine. Si studiert Kunscht z Irland.
Si het mir e Buddha mitbrocht us Ton:
perfekti Hautig. Wenn i numen ou so
chönt sitze! Mues dringend wider üebe.
D Chnöi tüend nümme weh.
«Was isch de Körper vom
Shakyamuni Buddha?»
het öpper de Meischter Ummon gfrogt.
Der aut Zouberer vom Wouketorbärg isch
e Muuggicheib gsi ... Ziger i den Ouge
buschigi Ougebraue Hooggenase.
Durend het me dä so Züüg gfrogt.
De Shakyamuni Buddha het s ggää.
Dä het s gäh we s Jesus Chrischtus ggää
het ... föifhundert Johr früener. Gebore in
Lumbini Indie hüt Nepal. Und do chunt
einen und frogt:
«Was isch de Körper
vom Shakyamuni Buddha?»
«Es Hämpfeli Schissdräck»
het dere Ummon knuret. Er isch mis grosse
Vorböud. Fasch no grösser as de Hakuin.
I bi jo ou zimlich e coole Typ aber dä
Ummon! Es Hämpfeli Schissdräck:
e töifi Woret.

De Wanderer wott i de Reglen irgend
nöimen uf enen Ussichtsturm oder in es
Reschtorant. Er wanderet zügig uf en
es Ziel zue won er öppis wott erläbe:
de bescht Wurschtsalot oder di schönscht
Ussicht. Dezue laferet er. Gärn verpasst
er so s Wandere säuber.
Wandle mini Lieben isch we Wanderen
aber ufmerksam. Eine wo wandlet goht
ned zum Acho sondern wäg em Goh.
S eigete Schnufe z gniessen isch eis
vo de günschtigschte Vergnüege wo
mir jez grad i Sinn chunt.
Früschs Höi zum Bispeeu! Me wett s am
liebschte säuber frässe. Chüe frässe Höi.
Wüsse dir das? Meer frässe Chüe.
Leider. Immer no.

Geschter simmir no chli um Liebigen
umegwandlet: D Tina d Nonna de Nonno d
Clara und ii. D Sunnen isch versunke
hinder dicke Wouke wo sich zu Bärgen
überem Jura türmt händ we wenn si
hinderem Himalaya abe gieng … us de
Sicht vo de Tibeter natürli.

Prima du chasch es toll! Zwilling B?
«Llll.»
Nei ned «Llll»: «Rrrr!» Zwilling B: «Llll.»
De Zwilling A cha s do wirsch es du
doch ou chönne probier s nomou!
Zwilling B: «Llll.»
Schad eine isch dümmer as der ander.
Macht nüt. Defür isch der ander gschiter.
Dir wärdet mou chönne wähle Irdischi
we dir ech uf dem Planet wänd bewege.
Di meischte Mönsche sind ned glücklich
und läben i vöu z grosse Städt. Si rönnen
immer hinder öppis här. Di Schlöjere
under ne gönd öppedie go wandere
zum Bispeeu uf en Üetlibärg dä zeig i
nech de mou. Paar ganz Schlaui nänd
am Bahnhof Selnau d Üetlibärgbahn und
wandere numen oben es bitzeli. Wanderen
isch agnähmer as rönne. Das göut nur
für Erwachsni für Chinder göut: Rönnen
isch prima.
S Schönschten aber isch ned s Wandere
sondern s Wandle. Drum hämmir ou di
schwirig Üebig gmacht mit em «R» und
em «L». Grundsätzlich rot i ehner vom
Wanderen ab und em Wandle zue.

Dir chöned noni mou schribe. Ned mou läse.
Ned mou rede. Fömmir vo voren a. I wett
dass dir e Buechstabe lehret. Chöne dir der
«R»? S söu mou eine «R» säge. Hmm.
Schwirig gälled! Ha äxtra mit em Schwirigschten
agfange. D Chinese chöne nämlich ke «R»
säge. Guet dir sind keni aber China lit bi
öich diräkt hinder em Himalaya we bi öis
Dütschland hinder em Jura aber das isch en
Abstächer in es anders Fach:
Heimetkund.
«R» goht eso: D Zungespitze a vorder
Goumen und denn lo fladere. Das isch de
vorder «Rrrr». De hinder we ne di Dütsche
forme entstoht im hindere Teil vom Goume
s isch ned d Zunge wo fladeret sondern s
Goumesägu. «Rrrr!» We d Franzosen aber
ned ganz so wit hinde. «Rrrr!»
«Rrrr!»
He wär isch das gsi? Wär cha do scho der
«Rrrr»? Zwilling A bisch du das gsi?
«Rrrr!»

Dir chömet uf d Wäut z Bade Kt. Aargou im
Spitau. Warschinli goht trotzdem aus guet.
Aber spöter: Gloubet ne ned. Gloubet nur
öich säuber. Findet use was ech weh tuet
und was es bitzeli blüetet macht bi öis
d Mama.
16 Uhr Kantonsspitau. Bluetentnahm denn
uf e Schrage: Babywatching. Das sind Hode!
seit d Tina nein Ellbogen seit d Kirsten oder
Kerstin. Sind ir Meitli oder Buebe? Me gseht s
ned gnau. D Kirsten oder Kerstin rotet de
Tina dringend langsamer z trampe ... zum
erschte Mou i mim Läbe bin i mit eren
Ärztin glicher Meinig.

Fritig 29. Juni

S git Pille wo me cha schlücken und me het
ke Depressione meh. Es Gschänk vom Himu
bhouptet en auti Fründin. Vom Himu?
Warschinli ehner vo de Novartis. Was isch
Glück? E flüchtige Momänt e mathematische
Punkt? Cha Glück duure? Ewig zum Bispeeu?
Git s öppis wo über Glück und Unglück us
goht? Thema! Do drüber schribt jez jedes
en Ufsatz ... e Siten ohni Fähler. Okay?

D Wäut

isch gföhrlich. Wenn i nur dra dänke we
s Rüdisülis öisi Nochbere Traktor fahre.
Öppedie chunt do e Hund zu Schande.
De tuet s ne leid si choufen e nöjen aber
Fahrstil ändere? Ehner ned. Passet uf!
Nur bi grüen über d Stross. Plasdighöum
choufe! Gäli Chläberli uf d Jagge!
I weiss würkli ned werum dass dir händ
wöuen irdisch wärde. Händ ir wöuen oder
het ech öpper gschickt? Wiso grad uf
d Ärde? Werum nume Nepal?

26. Juni

Fahrt nach Bade. Füechts Wätter.
D Tina schaffet z vöu und chunt ame z Obe
müed hei und greizt. I mache das nur no für
s Gäud seit si. Die Rotliechter überau!
Das sind Glogge vo der Achtsamkeit säg i.
D Tina müffelet hässig: «So!» I meine de
Hakuin het ou nume «So» gseit aber sicher
ned so hässig. Usserirdischi misstrouet de
Mediziner! Das säg i nech as Papa und
Ehemaa von ere schönen Ärztin. Me seit
ne zwar Götter in Wiss aber was sind si:
gschtressti unglücklichi überarbeiteti
verschlofni ddopti Chranki.

Variante

Aber me mues doch Gäud verdiene!
Dumms Züg. Schaffe mues me.
Mit Fröid tue was me tuet und was
niemerem schadt. Schaffe zum Gäud
verdienen und as Troscht vier Woche
Ferie: Das isch Wahnsinn.

Buddhismus

heissi s Läben inteligänt gniesse seit de
Thich Nhat Hanh e Mönch us Vietnam.
Tina und ii wette dass dir s Läben inteligänt
gniesset. Was heisst inteligänt? D Lääri vo
de Sachen erkenne und eri Flüchtigkeit.
Die vom eigete Körper zum Bispeeu.
Sekunde für Sekunde läbe so we eine wo
schribt. Oder nüt macht. Wo eifach sitzt
und schnufet. Inteligänt läbe heisst uf
s Gäud schisse. I bi am Buddha si
unwürdigscht Schüeler.

Glück

Es Chind isch glücklich. S git ke Usred
mir wüsse was das heisst. Glück isch i
de Schöpfig vorgseh.

Nochtrag: I bi ke Buddhischt.
Ned dass dir meinet i sig eine.
Kei Ismus het mi jee überzügt.
Es Zitli bin i Egoischt gsi aber ou
das isch mir verleidet.

Egoimus isch d Staatsreligion vo de Schwiz.
Uf Plakat cha me läse: Geld macht glücklich.
I kenne Lüüt die verdiene pro Monet 20 000
Stutz und liiden under Exischtänzängscht.
D Schwiz isch eis vo de riischte Länder
vo de Wäut ... Nepal eis vo den ärmschte.
Für ne Franke git s det vierzg Rupie.
Wenn eine Büez het z Nepal ... dezue brucht s
Glück und Könne ... verdient er pro Monet
4000 Rupie. Das sind hundert Franke.
Mit dem bringt er e Familie dure mit Chind
Grossöuteren und Verwandte.

I ha öises Gäud zöut. Uf em Konto sind
10 000 Franke plus où moins mini
Pensionskassen isch im e Mischfond
deponiert und 90 000 Franke wärt:
100 000 Stutz und es Huus fasch gratis
das isch doch vöu z vöu! Liebige heisst
das Hüsli wo mir wone. Wenn i d Löffu
mou gleit gha ghört das de Tina und
öich. Abgmacht?

«Vos postures sont toutes très belles.»
Öichi Hautige sind aui sehr schön.
Mini di eländischt isch mitgmeint gsi.
I bi gsässe we nes Hämpfeli Schissdräck
d Träne simmir über d Bagge gloffen
und i ha brüelet we ne Schlosshund
... aber lislig.
Wiso üeb i das? I bin en Afänger. I auem.
Und immer. La vie est courte et éphémère.
«Éphémère» heisst flüchtig. Es schöns Wort.

Immer no Juni

Klavier güebt. Präludie Fughette es paar
Inväntione ... «wormit denen Liebhabern
des Clavires, besonders aber denen
Lehrbegierigen, nicht alleine mit 2 Stimmen
reine spielen zu lernen, sondern bey weiteren
progressen auch mit dreyen obligaten Partien
richtig und wohl zu verfahren» ...
mit sächzgi wett i föif chlini Stück chönne.
Five easy pieces.

26.6.: Am Nomittag mit em Julius im Pedalo.
Im grüene chüele Zürisee vom Utoquai is
Mythequai gschwumme.

Wöu dir mini chline Buddhas sind.
Öich het s mir inegschneit.
Diräkt vom Himalaya abe.

Jez hocke mir sid guet vierzg Minuten i
dere verdammte Bläsimühli das isch jo
schlimmer as zu Dogens Zite!
Mir mache ke Muggs schnufen ii und us
lönd d Gedanke verbi zieh oder probiere
s wenigschtens aber mir tuet aus weh!
Bin i eigentlich der Einzig do inne wo ned
erlüchtet isch? Läben isch Liide gopferdori
a deren erschten edle Woret han i nie
zwiflet aber me cha s ou provoziere!
Fertig i cha nümm! I lösen uf ... stütze de
Chopf uf beidi Chnöi ... hocke schief uf
em Chüssi we nen Afänger ... wen i vor
füfzäh Johr gsässe bi am vierzgischte
Geburtstag a mim erschte Sesshin.
Di öutere Nonnen und Mönche händ
gmuulet d Zazen sige z churz. Denn isch
s letschte cho... und es het und het ned
wöue höre. Um e Chopf isch mir e Flöige
gsuret won i ned ha döfe verjage. Ii im
Schnidersitz de Rügge chrumm und
durend bin i abegrütscht vom Chüssi.
Do seit de Meischter i d Stöui:

Kyosaku bitte! We mir ned aus so weh tät
würd i probiere z döse. Di haub Nacht ned
gschlofe wöu eine gschnarchlet het. Hallo
Hilfe! Fertig jez lös i uf.
«Kyosaku!»
Äntli. Das haut i no us.
We langsam die zum Altar schlurfe.
I ghöre we si nach de Stöck grifen und am
Meischter presentiere Kyosaku aber subito!
Söl emol cho! Ii. Us.
I kippen us em Kimono!

Ke Zen meh
Schrib ei starchi Zile wo we ne
Noodle de Schmärzpunkt tüpft
am Arm

S tätscht hinder meer und rächts vo meer
i mache Gassho und gspüre de Stock uf
der Achsle ... sanft we ne Summervogu.
I verböige mi legge de Chopf uf di lingg
Achsle biete der Äcke dar und is Usschnufe:
Peng! E Schlag wo dur e Körper zuckt de
Rüggen ab we nen elektrische Schock dur
d Schänku is Chnöi bis zu de Zeche:
Peng! S Glichen uf di lingg Achsle.
Wiso verzöu i das eigentli?

Himuarschundzwirn ned jez scho bitte!
Das tuet jo jez scho weh. Ii. Us.
So goht wider. Nenei tuet ned weh.
Das isch ke Schmärz. Dasch nüt.
Es lisligs Sure ned meh.
Eigentli hock i do ganz gmüetlich.
Das isch ke Schmärz eifach chli warm.
Nei heiss. Ii. Us. Stöui.
We lang hocke mir scho? Das isch
doch e Haubstund gsi. Mindeschtens!
Unbeweglich rächts und linggs und
hinder meer d Mönchen und
d Nonne.

D Exischtänz vo auem
tönt we s Echo
wenn d losisch
am Fuess vom Bärg

Hallo! Mir tuet aues weh! Stört s öpper
wenn i uflöse? Ii. Us.
Wenn seit dä äntli «Kyosaku!»
I ha Arthrosen i de Chnöi cha mir eine
säge wo isch do der Usgang?

Underdessen isch de Meischter inecho uf
sametige Pfote.
«Rentrez le menton.»
I zieh s Chini zrugg und straffe der Äcke.
Di lingg Hand lit i de rächte. D Düüme
woogrächt böude weder Bärg no Taau.
Chini zrugg. Okay do het scho de Deshimaru
Wärt druf gleit aber s Chini isch ned s Problem.
Das verdammte Chnöi! S rächte lit ned richtig.
Iischnufen usschnufe. Ii goht outomatisch ...
Us goht langsam töif bis i Buuch abe.
Mou mou s goht. Goht immer besser.
Ach isch das schön und nachhär git s es
Rissüppli d Guen-Mai. Ned dänke!
Ned a Suppe dänke.

We me nienen äne wott
isch jede Wäg de richtig
Mänge füert de Bärg doruf
Nur ei Moon streift de Gipfu

We mir eine vor zwänzg Johr profezeit hätt es
schlimigs Rissüppli würd mou mini Lieblingsspis
hätt i nen usglacht. Dennzumou bin i ehner uf
Fondue Chinoise gstanden und uf Vitello tonnato.
Wiso muess i jez Spöiz schlücke? Öb me das
ghört het? Mis rächte Chnöi fot a sure.
Jez scho? Spinnsch eigentli!

Ha äxtra chli gschwoue «schrite»
gschribe wöu i so schön we mögli
loufen und probiere nur no mit de
Zeche z dänke. I verböige mi vor
mim Zafu. So heisst s Chüssi.
S git ned vöu z tue. I mache gärn
nur so vöu we nötig defür richtig.
I chnoorze d Chnöi a Boden und
pflanze s Füdli uf s Chüssi. Linggs
und rächts d Nonnen und d Mönche
i einer Reihe we Orgelepfife. Und ii
aute Sack! I straffe der Äcke löse
nomou uf und riibe mir d Chnöi.
De Gong. Schnäuer und schnäuer.
I pändle hin und här und touchen i
d Hautig ii. Haltung der Erweckung
isch de Name. Di schönscht Hautig
vo de Wäut. Was isch do dra so schön?
Wär si gseh het wird si ned vergässe.
D Hautig vo Buddha säge d Buddhischte.
So sig er under em Bodhiboum gsässe
heig meditiert und am e Morge bim
Ablick vom ene Stärn ... em Morgestärn
... sig er verwachet.
Schön stöu isch es do.

Bläsimühli 22. – 24. Juni

«La vie est courte et éphémère» het de
Meischter gseit i d Stöui. Wie wohr han i
dänkt. Aber werum? Werum läbe mir?
Wiso grad ii? I ha mir das ned usgsuecht!
So weh tuet mir aus. Wiso tuen i mir das
a in emen Auter wo anderi längscht Golf
spile! Ii mit miner Arthrosen i de Chnöi.
I cha jo ned emou de Lotussitz.
I cha das doch gar ned.
E Mönch schloot s Houz. I mim schwarze
Kimono gohn i i Chäuer vo der aute Mühli
wo in es Dojo verwandlet worden isch.
Dojo: der Ort vom Wäg. Mit em lingge
Fuess vorus. Ned elei ... drü Dotze Lüüt
praktiziere do gmeinsam. Vor em Altar
mach i Gassho das heisst i presse vor de
Bruscht di flache Händ anand und sänke
der Oberkörper. Es isch we Namaste.
I grüesse Gott i deer. I verböige mi vor
ere Foti wo de japanisch Zouberer
Taisen Deshimaru darstöut. I schriten
i mi Egge.

D Henriette han i ou küsst uf ere steile
Wisen oberhaub vom Schlössli Wiigge.
Bi ire han i s scho besser chönne.
Si het mi denn abghänkt wöu ere z jung gsi
bi und z dumm. Si het für nen Achzähjöhrige
gschwärmt wo si ou übercho het und i bi i
de Höll glandet Abteilig Ifersucht. D Frog
beantwortet? Chlini Pouse.
Aus spichere.

Spot i de Nacht

I bi de i d Kanti cho uf Aarou. Det han i
Gedicht gläse vom Friedrich Hölderlin und
vom Arthur Schopenhauer Filisofisches.
Bispeeu gfällig?
«Im unendlichen Raum zahllose leuchtende
Kugeln, um jede von welchen etwan ein
Dutzend kleinerer beleuchteter sich wälzt,
die, inwendig heiss, mit erstarrter, kalter Rinde
überzogen sind, auf der ein Schimmelüberzug
lebende und erkennende Wesen erzeugt hat –
dies ist die empirische Wahrheit, das Reale,
die Welt.»
W II, 11

So schribe dass es de Julius verstoht. Dasch
de Bueb von ere Fründin dä lehre dir no kenne.
An es intelligänts Chind schribe wo immer
frogt: Werum?

D Höll git s ou. D Höll isch we me d Wäut
probiert mit em Dänke z verstoh.
Di verfluecht Dänkerei het im gliiche
Summer agfange.
Gschoud dra gsi isch d Henriette. Si het
füürroti Hoor gha Loubfläcken und uf
aus e frächi Antwort. «De chli Jesus aha.
Und a Oschterhas gloubsch ou no?»
Einisch bin i i de Stube gstanden i de
Wonig a de Rothusgass. Trotz de Hitz
han i di rote schwäre Vorhäng zoge zum
Nochedänke. Dur ne Spaut isch d Sunne
drungen und het s Buffet gstreift us
Nussboum. Im Liechtstraau het de Stoub
gglitzeret. So nes Chörnli isch d Ärde han
i mir vorgstöut. Do druf läb i. Eis vo föif
Milliarde mikroskopisch winzige Wäse.
De han i süferli dri blose. D Chörnli händ
afo durenand wirblen und i ha mi gfüeut
we ... jo we han i mi gfüeut? Reesig!
Allmächtig. De Chef vom Ganze. We Gott!
We me sich Gott wott vorstöuen as es
Wäse mit Gfüeu was schwär faut wöu
eine wo der eignig Sohn under söttige
Quale ... Gottes Sohn nei danke! Und im
Lichtstraau händ d Planete tanzet.

Öisen erscht Chuss isch e vollen Erfolg
gsi. Er isch vollzoge worden i de Autstadt
im Garte vom e fürnähme Huus us em
achzähte Johrhundert. D Öutere vo mim
Fründ Treb Deirfgeis händ zur Party glade.
Mir händ Äbbeerbowle trunke. E wöudi
schöni Stimmig het dur d Gasse gwäit.
D Kadeete händ we jedes Johr s Gfächt
gunne d Meitli de Reige tanzt
... bluetüberströmti Freischare het men
im Triumphgzug dur Gasse gschleppt.
Jez isch Nacht gsi. E warmi Summernacht
... Twist hämmir tanzt und Äbbeerbowle
trunke ... küssen oder ned ... dasch
d Frog gsi. D Myrta und ii händ is Hand
in Hand i d Büsch verbrösmelet näb de
Muur uf en e Steibank. Jez oder nie.
Theoretisch hämmir Bscheid gwüsst.
Me mues s Muu uftue und denn irgend
öppis mit de Zunge aber was?
Wie küsst me? Haha ... wette dir gärn
wüsse he! Nume sövu: Wo d Glogge
vo de nooche Chile zwöufi gschlage
händ hämmir küsst. S isch schröcklich
schön gsi und het irgendwie nach
immer no meh gschmöckt.

Git s es Paradies und e Höll?
Ohre spitzen äntli weiss i öppis!
S Paradies git s.
Mit de Myrta han i im Winter öppe Musig
glost im Jugendhus: Mahalia Jackson
... Silent Night ... mir händ Hüenerhut
übercho. Im Summer bin i de mou näbe
ere glägen i de Badi. S Chinderfescht isch
vor is gstande. S isch um d Frog gange wär
goht mit wem. Si isch no mit kem gange.
Mir sind uf zwöi Tüechli gläge wo ke
Schläckstängu Platz gha hätt dezwüschen
und händ is i d Ouge gluegt. Am Rundlouf
händ die Chliine glärmet di Grosse händ
tschuttet. I ha am e Grashaum kätschet.
See het di ander Siten is Muu gno.
Mir sind näbenand glägen oni dass mir is
berüert hätte s isch heiss gsi und d Myrta
het d Ouge gha von ere Chatz ... hellblau
lüchtend fasch durchsichtig.
S Paradies git s. Zit: Summer 1961
Änds Juni. Ort: D Zofiger Badi.
Darstöuer: Adam und Eva.
Und ke Gott wo gstört het.

Een ou het de Dalai Lama wo für d Tibeter
e Heiligen isch ... d Verkörperig vom kan ji
zai bo satsu s Härzsutra singt devo ... zum
enen europäische Physiker gseit wo nen
iglade het die Frog z erörtere. Wie het aus
agfange? Wie hört das uf? Werum dänke
mir we di Wahnsinnige und chöme doch
nie an es Änd?

Wär lehrt d Woret
Wär seit was guet isch und was schlächt
Wär kennt de Wäg
De blind Esu kennt de Gstank
vom eigete Schissdräck
Längi Liebesbriefe
Churzi Gedicht vou Liideschaft

Woret gäb s ned nur Wahrhaftigkeit seit de
Ludwig Hohl e Schwizer Dänker + Dichter.
Die verfluecht Dänkerei! Früener bin i
schlöjer gsi. I ha nume s Nötigscht dänkt
und mi lo konfirmiere. De Pfarrer isch e
Füdlibürger gsi. I de Chile han i gsunge
luut und schön ned um Gott z lobe
sondern zum de Meitli z gfaue was
vlicht s Gliichen isch.

Bin i im Rasen uf e Rügge gläge ha
probiert töif z schnufen und ha i Himu
gluegt. I ha Todesangscht gha.
A dem 14. Juni han i mi entschlosse
Tagebuech z füere bis zu de Geburt vo
de Zwilling. Immer schaffe. I aller Rue.
Das han i vom Leo glehrt. Richtig schaffe
heisst: zoubere.

Variation

D Dökter reden immer no Latinisch das
tönt de we bim Molière und kene het e
blasse Dunscht. Di weschtlich Medizin
verlängeret s Liide.

D Wäut erkläre. Himmelarsch d Wäut isch
gross! I weiss doch säuber nüt. Sid i cha
dänke wett i d Wäut verstoh d Woret
hinder de Wäut. Aber Woret git s ned.
Und wenn so chöne mir si ned fasse.
Was isch Woret? Was isch Gott? Wie
het aus agfange? Mit em Urknall wäge
mir aber was isch vor em Urknall gsi?
Mee würd d Antwort intressiere.

21. Juni

Läben isch Liide. Leider.
Bsuech vo s Molers: D Myrta mit de hellen
Ouge de dünn chrank Leo. D Myrta isch mi
Schueuschatz gsi de Leo isch mi Fründ
worden e stöue klare Maa dir wärdet si
mou lehre kenne. Beidi hoff i.
De längscht Tag vom Johr. E schöne
warmen Obe. De Leo fröjt sich über öisi
Pflänzli. Röike cha me nume d Wibli
d Männli somen ab.
De Leo het Darmchräbs. Stichwort: Mitti
Mai Fieber+Durchfall. Abklärigen z Zofigen
im Spitau. Unklarheite Blosespiegelig.
D Kanüle dur d Harnröhre wärdi chli
unagnähm heig me ne gwarnet er heb
göisset vor Schmärze. Bestrahlig.
Chemotherapie. Künschtliche Darmusgang.
Er mües leider öppe furze het de Leo gseit
er chönn das zurzit ned kontrolliere.
Won er das verzöut het isch er i sim Garte
gsässe matt im Ligistueu unrasiert im
violette Bischemaa. D Myrta het de Blueme
Wasser ggää und mir isch schlächt worde.

D Ärztin im Spitau we het si nume gheisse ...
«Kelstin.»
Wie bitte?
«Wär het do Kelstin gseit?»
«Kelstin!»
Toll du weisch de Name no wär isch das
gsi ... Zwilling A oder Zwilling B?
«Kilsten!»
Kilsten? Eine seit Kelstin eine seit Kilsten
wird notiert. Die chöne der «R» ned logisch.
Aso Nepali chan i nech ned bibringe do
müesst i e Kurs machen i de Migros das
stinkt mir. Jez lehre dir z erscht mou
Schwizerdütsch. Das chan i am beschte.
Passt ou guet i d Gägend.
Spichere.

Zeichnet: Habakuk.

Was isch de Körper
vom Shakymuni Buddha?

Im ene Vorort. Boudha. Öichi Mama het det
de letscht Winter verbrocht im ene Zäut vor
de Stupa. As Ärztin. Si het det Bättuchinder
pflegt. Under anderem. Do het si längi Zit
übercho nach emen eigete. S git det eine
dä heisst Krishna. Er het e Bröuen und
längi Hoor. Gitarre spile chan er guet und
singe.
Wo de Krishna erfahre het dass d Tina
schwanger isch isch er no meh verschrocken
as ii und isch ab. Spöter wenn dir grösser
sind zeig i nech mou de Film E.T. de begrife
dir besser. Usserirdischi! E Schreckensschrei
rächtsumkehrt und abgsecklet. Ab und über
alle Berge. Di höchschte heisse: Nanga
Parbat Dhaulagiri und Tschomolungma.
Uf d Wäut chöme dir wenn aus guet goht
im Kantonsspitau vo Baden i de Schwiz.
We seit me Namaste uf Schwizerdütsch?
«Glüezi.»
Bravo. Dasch doch en Afang.

Gya tei gya tei
Ha ra gya tei
Ha ra so gya tei
Bo ji so wa ka

Stöued ech bitte e Globus vor. Jo? Hallo
ghöre dir mi? Ufpasse d Ohre spitze!
E Globus isch öppe das wo dir gseh händ
uf de letschte paar Millione Kilometer vo
öichere Reis. E blaue Planet wo nöcher
chunt. Do wone mir. Apropos uf em Moon
simmir ou scho gsi am 21. Juli 1969.
D Eagle isch glandet im Meer vo de Stöui.
E Mönsch mit Namen Armstrong isch
usgstigen und het gseit: That's one small
step for a man ... one giant leap for mankind.
Uf Änglisch het er das gseit. Aso Änglisch
sötte dir lehre ... relativ baud. Okay.
Uf dem Globus git s blaui Meer und gäli
Kontinänt. Eine heisst Asie. Det git s zwöi
grossi Länder: Indie im Süden und China
im Norde. Zwüsch inne stoht de Himalaya
s höchschte Gebirge vo de Wäut.
A sim Fuess lit es arms Königrich mit Name
Nepal. D Houptstadt heisst Kathmandu.
Det sind ir glandet.

Us miner Sicht: abe.

Us sinere: ufe.

I cha doch ned säge dä Aborigine hanget
unden am Planet i Kosmos use! Goht doch
ned. Was heisst obe? Was heisst unde?
Über söttig Froge chan i mir wuchelang
de Chopf verbräche. Was meine dir?
Säged doch irgend öppis!

«Ikkyû.»

Aha. Ikkyû. I kenne ke Ikkyû! Was heisst
Ikkyû?

«Ikkyû.»

Mir spile do ned blinden Esu! Jez schwige dir
so gemein. Säged mou öppis anders! Bispeeu:
Namaste. Ich grüsse Gott in dir! Me leit dezue
di flache Händ anand vor d Bruscht verböigt
sich liecht und seit: Namaste.

«Namaste dir Usserirdische!»

«Ikkyû.»

«Nei ned Ikkyû ... Namaste!»

«As te nam?»

«Namaste!»

«Nas te mas?»

«Namaste!»

«Na ... ma ... ste?»

Jo! Hipp hipp hurra dir chönet s! Namaste
heisst: Grüezi. Bravo! Dir sind richtig clever!

Sundigmorge

Liebi Usserirdischi!

Do bin i wider. Namaste! Es seicht im
Schwizer Mittuland. Dir sind oben i bi
unde. Namaste! Ghöre dir mi? Namaste
isch Nepali und heisst Grüezi. S isch
aus ned so eifach.
Wöu i öiche Papa wirde füel i mi gnötiget
öich d Wäut z erkläre. I bi ned dumm i
bi i d Schueu ggange cha läse schribe
turne rächne singe ... aber im Grund
gnoo weiss i gar nüt.
I weiss ned mou was oben isch was unde.
Unde zum Bispeeu us miner Sicht isch
de Stueu won i druf hocke. Drunder lit de
Fuessbode mit em brune Teppich drunder
de Chäuer ... denn chunt Ärde ... s chöme
Steischichte wo immer heisser und flüssiger
wärde es brodlet es zischt mir sind im
Zäntrum acho vom Planet so quasi i de
Höll ... s wird chüeler feschter und wider
isch do Ärde ... do stoht e Mönsch en
Aborigine zum Bispeeu und luegt a Himu
... ufen oder abe?

Tortellini al Pesto dezue es Glas Rote.
D Tina macht sich immer no Sorge dass me
vlicht chönt dänke si sig gar ned schwanger.
Das dänkt kene wo Ougen im Chopf het.
Das sind ned d Tortellini.
Si zeigt mir Fotine us Kathmandu. D Stupa.
Bättuchinder. Pashupatinath. Öichi Mama
isch müed. «Daf i is Bett?» frogt si.
Händ ir ghört? Me frogt: «Daf i is Bett?»
Me seit ned: «I wott is Bett.» Aber wenn
öpper zuen ech seit: Allez hopp und ab
is Bett denn ab is Bett. Okay? Göut ou
für Usserirdischi. Hallo! Do bin i wider.
Wänd ir wüsse was i hüt gmacht ha?
Tennis han i gspöut i de brüetige Hitz und
gäge s Nummer vieri vom Klub der
Affetranger Röbu i drü Sätz (6:2 / 6:7 / 0:6)
knapp verlore. Kenne dir d Williams Sisters?
Nonig nonig.

Härzlich! Öiche Papa
eidg. dipl. Jugend+Sport-Leiter

Zeig mir s Gsicht
wo d gha hesch
bevor Vater und Mueter
di zügt händ

Do stoht er. Affetranger Röbu. Bouverwauter.
Vieredrissgi. Ehner gedrunge pächschwarzi
Hoor e stächende Blick. Linggshänder wen
ii. Goht uf jede Bau und cha sich unghüür
motiviere. I bi Mitti füfzgi grouehaft i
schwitzen jez scho. We söl i gäge dä nur
spile! Er streckt mir d Hand entgägen und
zeigt d Zähn. Der Affetranger isch s Nummer
vieri vom Klub. Tennis isch sis Hobby morn
spöut er wider es Turnier er wott no R 5
wärden und het e Lizänz. We de James
Bond. Eigentlich ke Tennisspiler sondern
e Waffeläufer. I günne der Ufschlag.

z Obe

Hallo wo stecke dir? De schwüeu Tag het
sich im ene Gwitter entlade i hocke vor de
Hütte vom Himu tropft erschöpft e Räschte
Räge. Glichzitig glüjit d Sunne dur ne
Spaut vom Jura här. Es Outo fahrt verbi.
Di dumpfe Bäss vo de Stereoalag.
Im Fiat Uno stecke dir irgendnöime
zwüsche Willisou und Brittnou im
Buuch vo de Tina. Chömed hei!
Aui drü. Aber allez hopp!

Souhitz! A de Hüenerfabrik verbi em Rüdisüli
zuegnickt jez chan i lo suuse. We söl i nume
spile! Volle Pulle logisch. Aber wie? Eifach
ke längi Wächsu. Big game. Racket vor e
Buuch im Füreloufe scho. Uf de T-Linie parat
für e Volley ganz locker und de ... wäg do!
Glingling! Was macht dä Löölihund uf dere
Stross? Gang hei du Galööri!
Mir händ e schöne Tennisplatz. Diräkt hinder
de Mehrzwäckhaue dä zeig i nech mou.
TC Brittnou! Blaui Liibli für Juniore gratis
goudbeschriftet. Bi schön Wätter isch Tennis
öppis sehr schöns. Bi Wüeschtwätter hockt
me denn ehner vor em Klubhuus am Schärme
macht e chüeli Fläschen uf e Mont sur Rolle
zum Bispeeu chnaberet chli Chips dezue
und röikt es Zigerettli oder drü. Hüt isch
leider schön Wätter.
Immer d Linie zieh verstande! S git de
weniger Krach wöu me gseht öb e Bau
out gsi isch oder ned. Hüt daf i ned z lang
ispile süsch bin i nach em erschte Game
scho kabutt.

Me cha mit ine rede mini Liebscht! Ghörsch
si? Füfzäh Wuche sind ir aut. Sibe Santimeter
läng. Achzg Gramm schwär. Es Hüenerei
wiegt weniger en Öpfu meh. Ke Frog dir
chömed vo wit wäg. Händ ir Hunger?
Durscht? Wo chöme dir här? Vom Mars?
Dumms Züüg vo vöu witer. Händ ir d
Sunne gseh? Wie het s öich i die Galaxie
verschlage? Werum uf dä Planet? Wänd
ir zerscht mou richtig schlofe?
«Ikkyû.»
Was heisst «Ikkyû»?
Okay. Spicheren under: Zwillinge.doc

15. Juni

Wiso mues i Tennis spile mir tüend jez scho
aui Chnöche weh. Haubi zwöi uf em Platz.
Bi dere Souhitz! S isch we ne Sucht gsehn i
es Bäueli so seckl i hinderhär. We ne Hund
oder e junge Mönsch. So bin i as Junior i
Tennisklub vo Z. cho ere Chlistadt im Schwizer
Mittuland. E C-Spiler mit Name Bachme
Bölli het is de Backhand bibrocht i cha ne
hüt noni. I meinen i chan e höche Böle zäh
Mou hin- und härslicen aber Topspin!
Chlöpf i au hinduse. Ab uf e Göppu.

Öichi Mama het sich uf e Schrage gleit und
het de Buuch freigmacht. E Frou Dokter
het e Schauter kippet und es paar Daten
iitöggelet. S Programm het gheisse:
Babywatching.
«Kuck nur wie sie strampeln»
het d Frou Dokter gseit und
«Mamma mia» öichi Mueter.
A öicher Stöu hätt i ou gstramplet. Ultraschall!
I ghöre das natürli ned e Hund ghört s ned e
Flädermuus wär weiss aber oni Zwifu: Deer
händ s ghört. Das isch kes Strample gsi dasch
gsi es Zablen es verzwiflets i de reinschte
Todesangscht. Äxgüsi. Öisi Technik isch no
zimli primitiv. S het usgseh we d Böuder vo
de Mondlandig ... schwarz-wiss flimmrig
unscharf.
«Sind das Astronaute?»
han i mi plötzli gfrogt. Ha ganz gnau änegluegt:
blutti Astronaute. Grossi Chöpf churzi Rümpf
und Finger a de Händ. Do isch es mir we
Stärnschnuppe vor Ouge gheit:
Das sind Usserirdischi!
«Ikkyû.»
Was? Tina wach uf es Wunder es Wunder!
Si verstönd aus! Eine het «Ikkyû» gseit!
Hallo Wäutreisendi siged willkomme!
Was heisst «Ikkyû»?

Do het s e jungi Frou ggää. Die het em öppe
z ässe brocht. Plötzli isch die schwanger
worde. «Das het mir de Hakuin gmacht» het si
d Familie agloge. Us Angscht! D Grossöutere
händ em das Chind brocht händ gschumpfe
mit em und gseit er chönn s bhaute.
«So» het de Hakuin gseit.
Nach es paar Johr het di Frou es schlächts
Gwüssen übercho und gestanden es sig
eigentli ned vom Hakuin sondern ehner
vom e hübsche Kärli us em Dorf. Au sind
wider zu deren Eisiedelei wo de Hakuin grad
Zmittag gässe het. Es Riissüppli und für
s Chind es Joghurt. Si händ sich gschämt
und gseit si hätte s gärn wider.
«So» het de Hakuin gseit.
I bi jo ou zimlich e coole Typ aber dä Hakuin!
So ne gueti Antwort! Eifach nur:
«So.»
Ghöre dir mi? I bi öiche Papa. Aso mini Idee
isch s ned gsi. D Tina öichi Mama isch e
schöni Frou. Secondo generatione. Chli und
ehner füllig d Hoor händ d Farb vo Honig
Gluetouge wenn dir wüsset was i meine.
D Tina het ech mitbrocht ... es Gschänk us
Kathmandu: Zwilling. Im Kantonsspitau vo
Bade han ech s erscht Mou gseh. Live.
Am Böudschirm.

Liebige 14. Juni 2001

Deer do obe

... ghöre dir mi? I bi dä wo grad Klavier
güebt het. Es Präludium mit stife chaute
Finger. I bi unden i de Stube. Deer sind
doben im Schlofzimmer. Dir händ ech
versteckt i weiss ou wo dir ligget im Buuch
vo de Tina. Ghöre dir mi?
Shiki fu i ku ku fu i shiki ... Form isch Lääri
Lääri Form ... verstönd ir? You speak
English? German? I write Swissgerman.
Schwizerdütsch. Zofiger Mundart.
I verzöuen ech e Gschicht und wenn dir si
verstande händ ... sind so guet! Gänd mir
irgend es Zeiche. Okay?
S isch d Gschicht vom Zouberer Hakuin.
Dä het in eren Eisiedelei gläbt irgend nöimen
im japanische Gebirge. Am Fuess vom
Fujiyama zum Bispeeu. Täglich isch de
Hakuin uf sim Chüssi ghocket ... d Chnöi
am Bode ... in ere grade starche Hautig.
Shikantaza. Er het überhoupt nüt gmacht.
Guet er het ii- und usgschnufet. D Ouge
woogrächt. D Nase sänkrächt.

*Im ene klare Geischt
sind Fröid und Leid s Gliché
Ke Bärg verdeckt de Moon*

(Ikkyū Sōjun, 1394 – 1481)

Für d A. und d T.

LIEBIGE
BRIEFE A DI UNGEBORENE

THOMAS HOSTETTLER

knapp